協同で仕事をおこす

社会を変える生き方・働き方

広井良典 編著
日本労働者協同組合（ワーカーズコープ）連合会 監修

コモンズ

協同で仕事をおこす｜もくじ

プロローグ　震災復興と協同労働――〈対談は二〇一一年〉

1 脱成長社会への道

グローバル化からローカル化へ

永戸　日本は長い間、経済成長神話が続いてきました。電力、とりわけ原子力発電はその象徴でしょう。現在、家庭の平均的月間電気使用量は三〇〇kWh程度に増えました。電気事業連合会は、エネルギー源として一番コストが安いのは原子力で、しかもそれは安全だと言ってきたわけです。

そして、電力需要を喚起し、たとえばオール電化住宅はすでに二五〇万戸を超えた。オール電化にすると、最低でも六〇アンペアが必要です。私たちの世代がマンションを買ったころの二〇アンペアで卓上の電磁調理器を使ったら、ブレーカーが落ちてしまいます。ところが、東

永戸祐三（ながと　ゆうぞう）
日本労働者協同組合連合会名誉理事。日本社会連帯機構代表理事。
1947年、京都府生まれ。中央大学第二法学部卒業。全日自労建設一般労働組合中央執行委員、中高年雇用・福祉事業団全国協議会事務局長、労協センター事業団（ワーカーズコープ）理事長、日本労働者協同組合連合会理事長などを務めてきた。

日本大震災が起きて一カ月ほど経ったら、東京電力はオール電化住宅の発売を中止しました。結局、経済成長神話は原発推進を絶対とする電力会社にとって打ち出の小槌だった。

広井　意外に知られていない事実ですが、第二次世界大戦前は自治体がけっこうエネルギー行政を担っていたようです。戦時期に国家総動員体制で中央集権化が進み、戦後はそれがずっと続いてきた。これまでの成長志向の時代は、さまざまなことが中央集権化とセットになってきました。逆に言うと、脱成長・ポスト成長の時代は、おのずとローカル化が進んでいく。グローバル化・ローカル化と成長化・脱成長化は非常に関係していると思います。成長神話から抜け出すためには、グローバル化の先にローカル化を考えていかなければなりません。

　原発事故以降、再生可能エネルギーや自然エネルギーが注目されてきました。私が勤務している千葉大学（対談時）に、倉阪秀史さんという環境政策の研究者がいます。彼によると、日本のエネルギー自給率は四％前後にすぎないが、一〇％を超える県が六つあるそうです。トップは大分県で、二五・二％。温泉が多く、地熱がエネルギー源として使えるからです。二位は富山県。ここは山がちな風土を活かした小水力発

広井良典（ひろい　よしのり）
京都大学こころの未来研究センター教授。
1961年、岡山県生まれ。東京大学大学院修士課程修了後、厚生省勤務、千葉大学教授を経て、2016年より現職。主著に『定常型社会』（岩波新書、2001年）、『ポスト資本主義』（岩波新書、2015年）、『人口減少社会のデザイン』（東洋経済新報社、2019年）、『無と意識の人類史』（東洋経済新報社、2021年）など。

電が多い。これに秋田県や長野県が続きます。自然エネルギーというと太陽光や風力をまず思い浮かべますが、日本の風土を考えると地熱や小水力のほうが可能性がある。(注)

脱原発を地域レベルで考えていくと、かなり可能性が見えてきます。その意味でも、中央集権型システムから分散型システムにしていくのがこれからの方向でしょう。倉阪さんの最近の試算では、小水力発電所を全国に約一〇万カ所設置し、地熱や太陽光や風力などと組み合わせていけば、二〇四〇年までに原子力を十分に代替していけるそうです。

浪費経済としての資本主義

永戸　資本主義というのは、エネルギーに限らず、浪費によって成り立っています。むしろ、最大の浪費は戦争です。東日本大震災直後で言えば、最大の浪費は「計画停電」という名の、まったく無計画な停電。たとえば私が利用している東武伊勢崎線なんて、竹ノ塚(足立区)までしか動かなかった。埼玉県をバカにしているんじゃないかと、みんな怒っていました。

あの計画停電のとき、電力不足というより、「これは東電のおどしだ。原発がなければこうなるぞというものだ」と私は主張しました。一九七〇年代の石油危機のときは、一番先にネオンを止めたけど、今回はそれはやらなかった。

逆に考えると、ネオンでも装飾でも派手さを追求して店が明るくなければ商品が売れないというように人間を思わせてきたのが、資本主義の行き着いたところの浪費経済です。成長経済というのは、浪費経済をいっそう拡大することだとも言えます。

オール電化にすれば、高齢者だけで暮らしていても火事が起きないと言われてきた。だけど、認知症が増えても、火事は増えていません。

一方で、二〇アンペアから六〇アンペアにすれば、基本料金を単純に加算すると三倍にもできるから、電力会社は元を取れるどころか、莫大な利益をあげられる。個人に浪費させ、社会にも浪費構造をつくってきたわけです。

一部の評論家たちは、原発を廃止すれば便利さや豊かさを享受できないというけれど、そこには飛躍と嘘があります。広井先生がこれまで主張されてきたように、定常型社会をどうつくるかを考えずに、虚構のもとに誤った選択肢を迫ろうとしている。

広井　定常型社会というのは、一言で言えば、経済成長あるいはGDPの増加を絶対的な目標としなくても、十分な豊かさを実現していける社会のことです。経済成長を一律に否定する必要はありませんが、いまの社会はモノがあふれ、人びとの物質的な需要はほとんど飽和しつつある。そうしたなかで生産を拡大し続けても過剰が生じるばかりで、これまでの発展モデルを根本から見直していく必要があります。

最近、日本経済が不況であるというなかで、よく「需要不足」と言われる。しかし、私はこの言葉に違和感があります。人間の需要は経済のためにあるのではなくて、需要があって経済があるのです。需要不足という言い方は、生産する側から人間を見ています。なぜ、供給過剰と言わないのでしょうか。

現在の資本主義社会は、ある意味で生産性が上がりすぎた社会です。人びとの需要は無限に拡大するものではありません。だから、人手が余る。私は「椅子取りゲーム」と言っていますが、高度成長期のような、雇用が増え続けるという前提は崩れています。二〇〜三〇代の失業率が高いのは、椅子が空かないからです。

いまの供給過剰構造をどこかで変えていかないと、過剰が失業につながり、それはさらに貧困につながっていきます。過剰の抑制と再分配を何らかの形で行わなければ、この問題が構造化する。どこかで方向転換をしていかねばなりません。

それは、必ずしもむずかしいことではないと思います。最近の学生や若い世代を見ていると、経済が成長し続けなければいけないという感覚はかなり弱くなっている。同時に、働き方を考えるとき、社会貢献の意識や地域再生への関心が非常に高まってきています。労協(ワーカーズコープ)が提起されている方向性へ向かう流れは確実にあるというのが、私の実感です。

永戸 それは心強いです。ところで、過剰をつくり出している人たちは効率も強調します。だけど、経済にしてもエネルギーにしても一極集中です。その恩恵を受けている地域だけは効率的だけれども、全体を見ればひどく非効率的であるという事実については、すべて目をふさいでいます。今回だって、福島県に必要な電力ではなく首都圏のために必要な電力のために、福島県の多くの市町村の住民が避難しなくてはいけなかった。

そうした非効率的な構造を隠蔽するために、東京電力などの電力会社や原発族たちは嘘に嘘を重ね、新聞やテレビを動員して、見せかけの豊かさと経済成長を強調してきました。そこで言われる豊かさは、ほとんどが物質的な豊かさです。自然の風や光や緑の豊かさを感じられなくなった人たちに、そういうイデオロギーが浸透していきます。

脱原発を実現するためには、大都市であれ田舎であれ、本来の人間としての豊かさ——定常型社会の豊かさ——を新たに定義していく必要がある。それができないと、原発から利益を得ている連中のえげつない攻勢に勝てません。

原発の構造を問わずに復興はありえない

広井　成長と脱成長については、日本社会固有の側面と資本主義全体の側面の双方からみていくべきでしょう。

まず資本主義の側面に関して言うと、先ほどお話ししたように、現在の先進諸国ないし資本主義諸国は全体として生産過剰の状況にあります。したがって、国内市場が飽和しているので海外に市場を求め、地球上の各地域を巻き込んでいかなければ成り立たなくなっているという構造がある。しかし、この方向を続けていけば地球はパンクしてしまうわけで、むしろ成長に依存しない、ポスト資本主義と呼ぶべき社会像を考えていく必要があります。そこに市場経済を超えた領域として、協同労働や、コミュニティ経済と言えるような領域が生成していくのではないでしょうか。

次に日本社会固有の側面ですが、日本の場合、高度成長期の成功体験というか、一九七〇年代や八〇年代は成功のシンボルのようにもてはやされてきました。こうした成功体験が染みついている人たちが社会の上層部にいるので、成長によってすべてが解決できる、成長によって豊かになれるという意識がまだ強いと思います。でも、先ほどもお話ししたように、若い世代になるほど、成長によって日本人は幸せになっているのか、もっと別のところに豊かさがあるのではないのかと考えるようになってきました。その意味では、十分に希望の芽はある。

一方で、今後の日本社会の共有できるビジョンやモデルは、まだ明確には描けていません。民主党政権（当時）が打ち出した新成長戦略にしても、TPP（環太平洋戦略的経済連携協定）にしても、成長による解決という路線がなお強い。ポテンシャルとしてはオルタナティブな方向への意識は浸透してきているので、政治も含めてビジョンを提起していくことが課題であると思います。

永戸　その点では、震災からの復興とは新しいモデルに向かって人びとが立ち上がることだ、創造的復興だと、たくさんの人たちが言っています。ただ、そのためには原発をつくりだしてきた構造の問題と本質を徹底的に議論しなければならない。

　電力会社を利用して有無を言わさず原発推進という国策を遂行してきたやり方は、軍隊が国家権力を握って戦争に反対させなかった戦前と同じです。この体制を私は原発シンドロームと呼んできました。電力会社は金と権力をフルに使い、協力企業や暴力団も使って、地域を分断し、反対住民をだまらせもしたし、原発関連の仕事では非人間的な労働も行わせてきた。その構造を打ち砕くことが復興の重要なポイントです。地域の多様な意見をまとめあげ、地域の人びとの情熱と知恵と力に依拠して復興していかなければなりません。多様な意見の存在自体をダイナミズムと捉え、それをまとめあげるのが民主主義の力だと考えるのです。

広井　そのとおりです。原発は一言で言えば、中央集権的な統合型モデルの象徴ですから。非常に皮肉なことですが、今回の震災でそこが明るみに出ました。これを転機にしていきたいと思います。

永戸　これまで、原子力の平和利用としての原発という言い方をしてきました。しかし、平和利用と言っても、原発が建設された地域の人たちは平和を乱されたのです。意見が二分し、ずっと怨念が残っていますよ。それで、最後は避難でしょう。

　つまり、国策として一億総動員体制で原発を推進し、大事故を起こした国と東京電力の根本責任をはっきりさせなければならないし、原発の推進体制を問わなければならないと強く思うのです。

パラダイムの曲がり角

広井　その認識はまさに正当です。成長の話ともつながるのですが、歴史的にみるとそれぞれの時代には、時代を支える技術パラダイムが存在します。その技術パラダイムは、資源や環境の制約に陥って転換を余儀なくされてきました。それが成長(拡大)と定常化の基本的な背景だと私は考えています。

大きな視野で歴史を振り返ると、人間はこれまで三回の拡大と定常のサイクルを繰り返してきました。人類が約二〇万年前に現れて狩猟を行い、最初の定常化が私の理解では五万年ほど前です。最近の人類学で「心のビッグバン」と呼ばれている、装飾品や芸術作品が生まれ始めたような、つまり量的な拡大から文化や内面的な発展へ、物質的生産の量的な拡大から広い意味での心や精神の豊かさへ、移行する段階です。

二回目は約一万年前から。太陽エネルギーを使って農耕が始まり、農業社会のパラダイムになりました。ところが紀元前五世紀ごろになると、仏教や儒教やユダヤ教やギリシャ思想などがいっせいに現れます。一方で、最近の環境史などの研究によると、ギリシャや中国で森林が破壊されたり土壌が汚染されるというような、技術パラダイムの限界も現れました。つまり、ここでも生産の量的拡大から質的・文化的な発展へという転換が起こったのです。

三回目の産業革命から現在まで続くパラダイムは何によって規定されているかと言うと、生物の死骸からできている石炭や石油を燃やしたエネルギーです。自然を搾取する度合いが強まっていき、それによって技術を発展させ、経済成長してきたわけですが、それがもはや限界にきている。やや話を大きくしすぎましたが、現状が歴史のなかでかなり根本的な曲がり角に立っているのは間違いありません。自然を搾取する方向を転換させ、コミュニティや人を重視したシステムにしていく必要があります。

永戸　水野和夫氏（経済学者。内閣府官房審議官等を経て、法政大学教授）が、いまや資本主義システムの終わりの時が来ており、成長経済は幻想だと言っています。さらに、世界の歴史はパックス・ロマーナから始まってパックス・ブリタニカ、パックス・アメリカーナと続いたけれども、今後に新たなパックスはないと言う。パックス・チャイナにはならないと。なぜなら、これまでは全世界の人口の二〇％くらいの北半球の「先進国」が、八〇％の人口の南半球の「後進国」の資源を収奪、搾取して利用し、商品化して潤ってきたが、今後は北半球の国でもごく一部の人間だけが儲ける仕組みにならざるをえないからだそうです。

これは、数百年続いた産業社会、大工業社会の終わりであり、その後にどういう社会をつくるかということだと思います。

2　都市と農村をつなぐ協同労働

農業による協同性の復活

永戸　阪神・淡路大震災の復興責任者をやられた下河辺《しもこうべ》淳さんに、ある人を介して呼ばれたことがあります。たしか一九九四年です。私は彼が田中角栄の『日本列島改造論』のゴーストライターらしいということしか知りませんでした。そのとき、「君はワーカーズコープの法律をつくりたいと言っているらしいが、その法律をつくって何をするんだ」と聞かれたのです。私は間髪を入れず「ワーカーズコープで農業をやりたい」と答えました。

私たち労働者協同組合（ワーカーズコープ）が最初にやったのは、病院の清掃やビルのメンテナンスです。そして、生協の物流業務や地域福祉事業など社会的・公共的な仕事に広げてきました。ただし、それらは基本的には都市で成り立つ仕事です。私は食料を自給できない国、社会や組織が長持ちするはずはないと思っています。

他の協同組合を批判するのは悪いけれど、現状の農協や漁協がいまのままのあり方で永続するのだろうかと疑問をもっています。たとえば全国に耕作放棄地がたくさん広がってきているのに、それをどうするのか明確な方針はあるのだろうか。

私たち労協センター事業団の年間事業規模がいま一六五億円程度です。こんな言い方はおかしいかもしれませんが、この規模の農協だったら長期預金とか共済資金が何千億円でしょう。大内力《つとむ》先生は、農協関連のお金の八～九割は農林中央金庫をとおして海外取引に使われていると言っていました。なぜ、そのお金を農業の再生や若者の就労支援に使わないのか。いまや農協は、いい意味でも悪い意味でも一大転換期にあるような気がします。

私の両親は神戸から京都の丹後地方の田舎へ戦争疎開し、そこで私が生まれました。私が通っていたころ、中学校には約三五〇人の生徒がいましたが、いまは四〇人です。しかも、その中学校は廃校になるという。空き家が多く、休耕田がどんどん増えています。でも、これからどうするのか、どこにも政策は見えない。金さえあればいい、食べものを外国からどんどん買えばいいなんていう考え方は、間違っている。

農家でなくても農業をやれるようにする。しかも、民間営利企業ではなく、協同組合としてやれたら、若い人もいっぱい加わってくると思う。だから、ワーカーズコープで農業をやりたいと私は言ったのです。

広井　労働運動はおもに都市での労働問題を扱い、農村は視野からはずれている場合が多いと思います。ところが、みなさんのところは以前から農業や地域を重視されていて、それに私は共感を覚えていました。その背景には、いま言われたような永戸理事長の哲学が大きくあったのですね。

永戸　原体験があったせいです。

広井　通常、ヨーロッパなどの労働運動は成長志向がけっこう強い。ドイツでも当初は社会民主党と緑の党が対立していました。労働者をバックにした社民党は賃金が上昇し続けることを求めて、緑の党と対立するという構図です。あるときから、それではいかんということで脱成長的なモデルに融合していきました。みなさんのワーカーズコープは労働問題を軸に据えながら、単純な経済成長ではなく、それを超えた地域の問題を早くから提起しておられるところが非常に重要で、そこに独自のビジョンがあるわけですね。

永戸　そもそも、農業で食べていけない社会はおかしい。食料(Food)、そしてエネルギー(Energy)とケア(Care)、すなわち内橋克人さんが言っているFECが自給できる地域を協同体として復活し、形成していくには、農業を通じてやることが一番だと私は思います。私たち自身も都市で稼ぐけれども、その利益の一部を農村の地域再生のために使いたいと思っています。

現在は、工業国家が終わりをむかえている。「大量生産・大量消費・大量廃棄」システム、つまり資本主義体制の終わりなのだと思います。でも、次の社会体制はまだ見えない。だから、不安なのだけれど……。日本の工業国家づくり、成長経済の成功は、地方・農村地帯からの労働力の工業都市への流動化政策によってなしとげられた。その象徴が井沢八郎が歌った「ああ上野駅」に登場する集団就職列車です。しかし、工業都市にはすでに仕事がなく、地方には休耕地・休耕田が広大に広がっているとしたら、経済・社会政策、労働力政策もこれまでとまったく違ったものになる。極端なことをいうと、逆労働力流動化政策つまり「ああ青森駅」になるのではないか。

都市と農村の不等価交換の是正

広井　その方向にはまったく共感します。やや単純な言い方をすれば、ローカル化こそ究極の姿ですね。その認識が重要です。

私の理解では、これまでの産業構造は物質の生産からエネルギー、情報の生産・消費へと広がっていった。それはおのずとグローバル化に向かう方向でした。ところがいまは、私は「時間の消費」と言っているけれども、福祉とか環境とかコミュニティとか自然に、人びとの関心が向かっています。こうした領域は、手段的なものではなく、人との関わりや自然にふれること自体が一定の充足を与えてくれる。その意味で、いわば現在充足的なものであり、時間の消費と呼べます。しかも、それらはローカルレベルで考えていかざるをえない。だから、今後もローカル化の流れはますます強くなっていくと思います。

大学でも、地域再生やローカルなテーマに関心をもつ学生が非常に増えている。たとえば新潟出身の学生が農業による新潟の再生を考えたり、海外留学経験がある国際派の女子学生が、インターンシップで長崎の小値賀《おぢか》島にハマり、丸の内で働いていたのに移住したりしています。こうしたローカルなものへの関心は時代の流れでしょう。私の言い方で言えば、この動きは地域からの離陸と着陸です。高度成長期あるいは工業化社会というのは人びとが地域からどんどん離陸していった時代でした。一方、ポスト工業化そして脱成長の時代には、人びとが再び地域に向かうようになる。

ただし、すべてがそれで順調に進んでいくわけではない。ローカルなものに関心はもっていても、いざ就職となって通常の就活の流れに入っていけば、農業という選択肢は出てきません。そういう社会の受け皿は整備されていません。それをシステムとしてどう定着させるかが課題です。そこで、農業や漁業に関わるワーカーズコープを登場させ、その役割を果たせるようにしようという永戸さんの構想には、大きな意味があると思います。

今回の震災で明らかになったのは、いかに東京をはじめとする大都市圏が物質循環において、農村や地方に依存しているかです。地域の自立とは何かと考えた場合、地方は財政的に脆弱であるから国の支援を受け、自立しておらず、東京や大都市圏が自立していると言われることが多い。しかし、物質循環や食糧やエネルギーで見ると、地方に依存しているのは東京とか大都市圏であり、しかも地方からかなり安く買い叩いて成り立っている。今回はそれがはっきり明るみに出たと思います。それは、いわゆる先進国と途上国——あまりこの表現は好きではないですけれども——の自立と依存とまったく共通した構造です。

都市と農村というのは市場で対等な取引きをしているように見えて、実際にはある種の不等価交換的なメカニズムが働いていると思わざるをえません。農産物は本来の価格より低い値段でしか評価されていない。都市と農村が対等な関係となるためには、この不等価交換を是正する仕組みが必要です。その一つは、都市から農村への何らかの金銭的な再分配。もう一つが、ワーカーズコープのような協同労働の形が都市にも農村にも広がっていくこと。それらを通じて、都市と農村の非対称的な関係を是正する道が開けていく可能性があると思っています。

ケアと農業を結びつける

永戸　私たちの社会的役割、事業的発展の基礎をつくったのはケアというテーマであり、その仕事であり、ケアの本質を学んだことでしたが、農業をやりたいという思いは当初からありました。

狭い意味での介護の仕事をしたとしても、結局は生活と地域全体のテーマにつきあたらざるをえない。岩手県の野田村では、震災前に介護の仕事を始めることになっていたけれど、三・一一の津波で予定していた事務所もケアのデータもすべて流されました。その後、村とも相談して、被災者のケアを担うこととなった。それは生活全般のケアであり、地域の再生の取り組みなくしてありえません。埼玉の生活保護受給者の自立支援の仕事も、就労支援をするのだけれど、その基礎はやはりケアであると思った。介護の仕事をコミュニティケアとして推進するとすれば、コミュニティの再生と一人ひとりのケアをどう結ぶのかがポイントであり、コミュニティがそれとして成立するためには、食や農、エネルギーも含めた新しい時代のあり方が問われるでしょう。

いま私たちは手さぐりで、菜の花を植えて菜種油を製造し、その廃食油を集めてバイオディーゼルエンジンの燃料としています。初めは千葉県の芝山町で取り組みました。続いて、宮城県の大崎市に大きな製造施設を造っているときに震災が来たんです。農家の人たちは、「田植えや種播きの準備に重要な三月に石油が足りなくて困った。あのとき燃料が少しでもあればよかった」と言っていました。

一方で、菜の花を植えるのであれば、ミツバチを飼ってはちみつを採ればいいじゃないかと教えてもらった。実際、労協を理解し、共同事業もやろうという企業などの集まりである労協クラブのメンバーは、自分たちで管理している東京・銀座のビルの屋上でハチを飼ったんです。初めはかなり批判されたようですが、いまでは銀座のバーのママさんたちにひっぱりだこ。カクテル用とスイーツ用です。ミツバチは蜜を四キロ四方から採ってくるそうです。銀座で言えば、皇居から浜離宮。皇居から宮内庁の許可なく資源を採って来られるのはミツバチだけです。

広井　なるほど。

永戸　美味いんです、サラサラとして。花によって、それぞれ味が違う。

広井　先ほどのケアの話で非常に面白いと思ったことがあります。英語のカルチャー（文化）は、カルティベート（耕す）からきています。これは、さらにラテン語のコレーラ（colere）という言葉に由来しており、その原義は「世話をする」という意味だそうです。これは「ケア」と重なるわけで、自然の世話をする（耕す）のが農業、人の世話をするのがケア、心を耕すのが文化ということになり、すべてつながっています。ワーカーズコープがケアに早い時期から取り組んでおられて、農業もやっておられるというのは、その意味で象徴的です。

永戸　矛盾した感じにならないですよね。

広井　そうですね。ケアと農業は意外と接点がある。ただし、同時にこういう問題もあります。イメージとして言えば、一番ベースに自然があって、次にコミュニティというか共同体があって、そして個人、市場経済の世界があると考えると、農業というのは自然のレベルですし、ケアというのはコミュニティのレベルです。だから、農業の労働もケアの労働も市場においては低く評価されます。言い換えると、自然やコミュニティの価値が低く評価される。

なぜかというと、市場は時間軸において短期の視点でしか物事を評価しないからです。ケアやコミュニティは持続するものだし、自然はもっと持続するものです。そうした価値は、短い時間の座標でしか見ないと十分に評価されません。

そこを何とか是正していかなければならない。ケアや農業にしかるべき評価をどうやって与えるか。そのとき、政策的な部分でさまざまな支援策が必要だと思います。たとえば介護保険という公的な仕組みのなかで、介護あるいはケア労働を介護報酬において高く評価する。農業については、価格支持政策かベーシックインカムのような所得保障を行う。自然エネルギーについては、固定価格買い取り制度などで価格を維持するなどです。同時にワーカーズコープの協同労働を広げることによって、それらの評価も是正していくメカニズムを働かせられる可能性があるのではないでしょうか。

3　地域の自立と循環をめざして

共感に支えられた社会連帯経営

永戸　私たちはいま、事業でも運動でも組織でも、常に「生活と地域」に焦点を当て切ろうとしています。経営論でいうと、このときの経営は「社会連帯経営」にならざるをえません。私たちの経営論の変遷でいうと、全組合員経営、共感の経営といってきたわけですが、私たちの仕事自体が生活と地域に深く入り始め、地域の一部ともなっていることから、それは社会連帯経営になる必然性があるのではないかと考えたわけです。

広井　いま言われたことと多少関わりがあるように思うのですが、最近「コミュニティ経済」とでも呼べるようなテーマに関心をもっています。思えば経済はもともと、単純な利潤最大化というよりは、何らかのコミュニティ的な要素というか、相互扶助的な部分を含んでいたでしょう。それは、たとえば商店街のようなイメージとか、ときどき言及される近江商人の家訓の「三方よし(売り手よし、買い手よし、世間よし)」などを思い浮かべれば明らかです。

他方で、コミュニティは何も基盤がないところに人工的に存在するものではなく、人びとの経済活動や日常生活のなかに、ある意味でごく自然に存在するものでしょう。たとえば今回の震災被害にあった東北の漁村のコミュニティは、漁業という生産活動と不可分です。つまり、生産のコミュニティと生活のコミュニティが融合している。この両者が分離していったのが戦後の高度成長期だったわけですが、これからの時代はこの二つを再融合させていく方向が重要なのではないか。

そこに開けるのが、先ほど申しあげた「コミュニティ経済」という領域です。これとワーカーズコープのような協同労働組織が深く関わり、しかもそれがポスト資本主義、あるいは市場経済を超える領域という課題と重なるのではないかと思います。

永戸　また、なぜ私たちがケアステーションとかヘルパーステーションと言わなかったか。

ヘルパーという言い方はハウスキーパー的な物理的な支え、援助という面が強い。ケアは心の問題、精神的な支えの面も重く考える。だからケアワーカーなのだと。ケアという言葉には、介護・看護だけでなく、世話をするとか関心をもつとか配慮するという意味があります。だから、私たちは地域福祉事業所としました。地域福祉事業所には生活と地域のすべての情報が集まり、それに対応する自分たちの事業能力の水準があります。それが低いときには、一部にしか応えられない。その能力を多様化・複合化・高度化していかなければなりません。ここで、ケアと食の連携が生まれるのです。

広井　菜の花プロジェクトの話をうかがっていて思うのは、地域の自立とともに、地域内で循環する経済の重要性ですね。イギリスにニュー・エコノミクス・ファウンデーションという、『スモール　イズ　ビューティフル』(邦訳、講談社学術文庫)を書いたシューマッハの流れをくむ財団があります。そこが着目しているのは地域内乗数効果です。地域内乗数効果というのは、ある地域で行った経済活動や投資が地域外にもれ出ていかずに、地域内でどれだけ循環するかという指標です。たとえば、ある場所に大きなショッピングモールができたが、売り上げの大半は東京の本社に吸収されるというのであれば、地域への波及効果は小さい。

乗数効果といえばケインズですが、ケインズは国レベルで考えていて、地域が空洞化しても関係ない。そうではなく、地域をユニットにして、地域内でいかに循環する経済をつくっていくかが、今後の流れになっていくと思います。なお、最近の若者たちのローカルへの関心に対して、内向きになってけしからんとか外に出て行く覇気がないと批判する人がいます。でも、それは間違っている。海外に出て行けば経済が発展して豊かになるとしてきた結果が、いまの地域の空洞化であり、衰退です。

復興の拠点としての神社・お寺と漁協

広井　冒頭で小水力発電所一〇万カ所という話をしましたね。それに近い数がお寺と神社で、それぞれ約八万ずつあります。これらはコミュニティや自然村の原型です。これを活かしながら、自然エネルギーの拠点を分散的に整備し、食や農と結びつけていけば、原発予算に比べて費用対効果が高いと思います。こうしたローカルに循環する流れをどうつくっていくかがポイントで、都市と農村をつなぐ意味合いを協同労働という形がもっているでしょう。

永戸　私は東北の復興に関して、二つのものを重視しようと言っています。

ひとつは、いま先生が指摘したお寺です。地域に多重的ネットワークをつくるうえでお寺の役割は非常に重いと指摘している方がいて、そうだろうなと思いました。今年(二〇一一年)は法然の八〇〇回忌、親鸞の七五〇回忌です。その記念行事は延期されたと聞きました。法然も親鸞も、こういう事態があったら絶対に被災地に行っていたと思う。だから、記念行事より被災地へ入れと。末寺では、宗派を超えて地域で復興のために活動しようという動きが加速しているそうです。私たちも、お寺さんと組まないといけない。

もうひとつは漁協です。海で漁をしている男たちより、おかみさんたちが地域を知っています。そのおかみさんたちに地域福祉事業所を担ってもらう。仕事の領域も固定的にせず、漁協だけどたとえば介護・福祉の仕事もし、野菜も作る。自分たちで稼げるようにして、自立と協同・連帯を組織していくのが私たちの趣旨ですから、市場社会の既存の枠組みにはとらわれません。地域福祉事業所は何でもありです。地域や生活が必要とする事業、明日の希望につながる事業は何でも実現しようという拠点ですから。

漁協のおかみさんのグループとワーカーズが協同労働で組む。お寺さんが「それはよいことだ」と権威を与えてくださるという構図を、私は頭に描きました。田舎に行けば行くほど、お寺は深く生活に関わっています。お寺さんに協同の意義を理解していただき、多重にネットワークを組まないといけない。

マスコミでは、自衛隊ばかりが英雄視されています。彼らによって助かった人たちがいるのは事実ですが、自衛隊はそのためにある組織ではありません。必要なら、レスキュー隊の拡大、災害救助隊の創設などをはかるべきです。お寺や神社がどんなふうに新しい時代の役割を果たせるかは、もっと掘り起こしていく必要があります。かつては、何もわからず、「宗教はアヘンだ」なんて言っていたんですが(笑)。

広井　私は二〇〇七年に、コミュニティ政策をテーマに全国の市町村を対象としたアンケート調査を行いました。そのとき「コミュニティの中心」として今後とくに重要な場所は何かという質問をしたところ、①学校、②福祉・医療関連施設、③自然関係、④商店街、⑤神社・お寺、という順になりました。したがって、お寺や神社を含めて、こうしたさまざまな場所をコミュニティの拠点として活用しながら、地域内でヒト・モノ・カネが循環していくような仕組みをつくっていくことが課題ですね。

永戸　いまは、自治会、町内会、社会福祉協議会のような伝統的な組織が力を落としています。だけど、私たちみたいな新しく生まれた組織が一緒にやり出すと、こうした伝統的な組織も元気になります。

広井　そのとおりですね。そこで重要なのは、コミュニティというと閉鎖的なイメージがあると思いますが、本来はむしろ外部に開かれているのが一つの本質だということです。たとえば、まちづくりで有名なアメリカのジェイン・ジェイコブズ（ジャーナリスト）は、「コミュニティは、定住者と新規に外からやってくる人間の両方がいて安定する」と言っています。地域おこしの世界で、よく「若者、よそ者、ばか者」と言われるように、外との交流があって地域は活性化する。実際に、お寺や神社にしても、学校にしても、商店街にしても、何らかの意味で外に開かれている場所がコミュニティの拠点になっています。

永戸　そうですね。ただ、そこには格闘がある。昔から住んでいる人たちは、新しく流れ込んで来た人間を「旅の人」と言うじゃないですか。それは、この人たちは対等な相手じゃないという意味ですね。「旅の人」は、よそ者ですよね。疎開で移り住んだ私の家族も、最後までよそ者と言われました。

協同労働が市場をコントロールする

永戸　最後に言っておきたいことがあります。今度の震災が太平洋戦争の敗戦の事態と一緒だという言い方は、とてもじゃないが認めがたい。仕方がなかったこととして、これからまたゼネコン型公共事業で復興だ、みたいなニュアンスを感じる。マスコミは「こういうとき日本人は結束するんだ」と言うが、それはおかしい。

広井　焼け跡から再び高度成長するみたいな発想で考えられると、ちょっと違いますよね。

それとも関連して、まとめたいと思います。資本主義的な市場経済はすでに過剰になっていて、市場経済を超える領域が現れつつある。協同労働やワーカーズコープとは、資本主義や市場経済が飽和した状況を超える具体的な労働や生活の姿だと思うし、若い世代はそういう方向と非常に関心がシンクロナイズしています。

永戸　同感です。地域レベルからグローバルなレベルまで、富は市場の都合に支配されてきました。しかし、生きる・働く・生活するという点で、本当に顔が見える協同・連帯のネットワークが多重につくられていけば、そのメカニズムが市場をコントロールできるのではないでしょうか。政治を変えれば、すべてが変わるというものでもない。どれだけの深みで、人間の協同性・連帯性に基礎を置いたものとして地域の実態がつくられていくか。それが二一世紀の最大のテーマだし、そういうものとして復興もなければいけない。

生命のもっとも異物として存在する放射性物質を制御できないのに、それを高度成長のためのエネルギーの中心システムだと言うのは、それこそ制御されなければならない発想です。それを視野に入れた復興の運動でなければいけないと思います。震災後に必要なのは、成長経済型でない人間の復興、人間の絆の再生を中心とした新しい社会建設ではないのか。

今日はありがとうございました。

（注）本文データは二〇一一年当時のもの。日本のエネルギー自給率は二〇一八年度に一一・八％に増加。環境エネルギー政策研究所の「永続地帯二〇二〇年度版報告書」によれば、トップ10の都道府県が三〇％を超え、1位は秋田県で四五・一％、2位は大分県四三・三％、3位は鹿児島県四一・五％である。

1　みんなで出資し、責任を分かち合い、仕事をおこす

1　東北にこそ日本社会を変える力がある

◇経済成長最優先社会からの脱却

東日本大震災は、人間にとってなくてはならないもの、本当に大切なものとは何かを私たちに深く問いかけた。それは、自然の一部としての人間の存在、そしていのちと人間同士の絆にまさる価値はないということだ。同時に、福島で進行中の原発破綻は、私たちが生きているこの社会は、いのちを最優先の価値あるものとして本当に大切にしてきたのか、市民、働く者が主体となってきたのかを鋭く突きつけた。

私たちは今度こそ、経済成長最優先の社会構造から脱却する覚悟を迫られている。それは、原発を資本と国家をあげて推進してきた専制体制との闘いでもある。人類に課せられた使命として、原発を全廃し、本当の豊かさを問い、自然とともに生き、コミュニティの絆に支えられる生活、地域、労働のあり方を、自らの手で何としても創り出したい。

大震災前の私たちの社会は、大量失業と貧困の拡大、地方経済の疲弊、無縁社会の広がりに喘いでいた。東北地方の復興は、こうした震災前の社会に戻ることではない。もっとも破壊され、困難と悲しみ、苦しみのどん底におかれた東北だからこそ見えてくる真実があり、日本社会を変える力がある。被災地の人びとと一体となって、被災地から何を感じとり、何を学び、ともに歩むのかが問われている。そして、それは東北の被災地を越えて、すべての地域と市民に問われている日本社会の変革、すなわち本当に豊かな新しい社会づくりのテーマでもある。

協同労働の協同組合である日本労働者協同組合（ワーカーズコープ）連合会は失業者のなかから生まれ、普通の人びとが力を合わせて仕事をおこし、生活と地域の必要に応えて、活動領域を一歩一歩広げてきた。その約三〇年の実践のすべてを、東北の地に活かしたい。復興への長くて険しい道のりを、東北に身をおき、被災地の人たちと汗を流し、共に歩んでいきたい。そんな思いから、私たちは二〇一一年七月に東北復興本部を発足した。

大震災から六カ月。東北の復興・再生にワーカーズコープは何ができるのか。地域の真の豊かさにつながる仕事を、どうしたら協同の力で被災地に創り出せるのか。あらゆる場面でそれを問われ、自問しながら、三陸沿岸の被災地をまわる日々が続いている。

◇まっさらから未来の商店街を創る――宮城県気仙沼市

気仙沼市南町の自治会の皆さんに、八月のお盆に懇談の場を設けていただいた。地震から一カ月、避難所を自主運営しながら、懸命に助け合い、生きのびてきたという。そして、商店街の多くの仲間が商売をあきらめ、たたもうとするなかで、青年会の若い世代が仮設店舗を計画し、再建を呼びかけた。彼らの頑張る姿に高齢世代も奮い立ち、五四件もの申し込みがあったそうだ。

単なる復興では、商店街はよみがえらない。すべてが流されたからこそ、まっさらから未来の商店街構想とまちづくりのあり方を、毎週勉強会を開いて検討している。さらに、仮設店舗の一角に三〇坪の場所を借りて、子どもたちが太鼓やジャズダンスなどの練習を思いきりできるけいこ場を建てる計画があるという。

その場を日中はワーカーズコープが借りて、失業している被災者を対象にした介護福祉分野の求職者支援訓練を行い、商店街と力を合わせてまちづくりのための仕事おこしに取り組むことが、初めての出会いで一気に決まった。地域と子どもたちのために奔走し、それがいまを生きる力になっている。自治会の皆さんのたくましさと明るさに圧倒された。

◇協同の力で職業訓練と仕事おこし――岩手県遠野市・釜石市

遠野市でもうれしい出会いがあった。被災地支援団体のネットワーク「まごころネット」を訪ね、ワーカーズコープとして被災地での就労創出に貢献したい、ケアと農業や食、自然エネルギーをつないで持続可能な地域づくりに取り組みたいと話すと、「われわれと思いは同じ」

と握手を求められたのだ。

そして、彼らの全面協力を得て、釜石市で厚生労働省の求職者支援制度を活用した職業訓練を準備し、仕事を創り出すことにする。早速、岩手県労働局と懇談すると、大きな期待が寄せられた。

「沿岸被災地域はもともと雇用の場が少ないところに、かろうじて事業を営んでいた企業が軒並み被災し、復興の目途が立っていません。もっとも求職者支援制度を必要としているのは被災者の方たちです。ところが、地元の職業訓練校は被災し、民間の訓練主体も沿岸地域にはありません。この地域で職業訓練をやっていただければ歓迎ですし、できる協力はしたいと思います」

そこで、地元の期待に応えようと、全国からワーカーズコープの若いリーダーたちが応援にかけつけ、いっせいに地域をまわった。職業訓練の趣旨と就労創出への思いを語り、協力を呼びかけたのだ。その甲斐あって、一週間で五〇を超える団体との出会いがあり、その協力で講師、実習先、会場の確保に見通しがつき、申請までこぎつけ、認定を受けられた。

地元のみなさんの失業問題への懸念や地域再生への思いの深さにふれ、私たちの想像を超える力が寄せられ、東北復興本部自身が励まされる日々だった。同時に、ワーカーズコープの二〇代のメンバーが臆することなく地域にとびこみ、何もないところにネットワークを築いていく姿に、若い世代が創り出す協同労働運動の可能性を強く感じた。釜石市で被災した民宿の女将さんの言葉が胸に響く。

「外から来た団体が、被災地のためにとたくさんの支援をしてくれます。それはうれしいけれど、厳しくても私たち自身が力をつけ、立ち上がっていくしかない。海と山と風と人がある素晴らしい地域を再生し、みんなの村づくりをしたい」

私たちはいま、人間が生きるうえで本当に大切なものを問い返し、地域の将来を自分たちの手で描き、歩み出そうとするたくさんの力と出会い始めている。協同とは、心を合わせ、力を合わせ、助け合って仕事をすることだ。そして協同労働は、働く人同士、利用者、地域の協同性を築き、当事者のもつ力を信頼し、地域の中で活かし合う働き方を大切にしてきた。被災地の困難な状況のもとで生まれている新たな力と結び合いながら、地域の資源と力に依拠した新しい仕事おこしとまちづくりに向かっていきたい。

職業訓練と仕事おこしの取り組みは、気仙沼市や石巻市(宮城県)など、近隣の被災地域に広がりつつある。

◆起業を支援する就労政策との出会い——宮城県登米《とめ》市・南三陸町

被災地域の人びととのつながりを深める一方で、自治体を訪問し、復興に向けた就労政策を聞き取り、ワーカーズコープとしての提案を模索してきた。多くの被災自治体では、緊急雇用予算で短期間の雇用創出事業を行っているが、応募者は少ない。また、継続的な雇用創造に向けた施策は少ない。そもそも、被災前から民間企業の参入は少ない。新たな雇用をどうしたら生み出せるのか頭をかかえている状況だ。

そうしたなかで、宮城県登米市の「震災対応人材育成事業（起業型）」の公募に出会った。南三陸町などから避難している被災者が、雇用されるのを待つのではなく自ら起業することを支援し、職業訓練から起業までを一体的に支えるという事業内容である。失業者の主体的な力に依拠する新しい就労政策として魅力的だ。市民が自らの生活と地域の復興と再生に向けた仕事を、力を合わせて創り出す取り組みに活用したい。そう考えて、ケアと自然（海・山・田畑）と食を結び、生活と地域を被災者、市民の手で充実させる仕事おこしの拠点・地域福祉事業所づくりを提案した結果、採用された。

大切な人、そして自宅や職場を失ったことのあまりの重さ、生活や仕事の再建に見通しがもてない不安、経済格差の広がりと失業の長期化……。そうしたなかで生きる力を取り戻し、自らの生活、仕事、人生、それを支えるコミュニティの再建に一歩を踏み出すためにも、ケアの充実がもっとも重要になる。とりわけ、被災を受けた人たちが孤立することなく、地域で支え合う仕組みが求められている。

幸い、東北には海と山と畑の豊かな自然の恵みがある。このかけがえのない地域の資源をベースに、ケアと食と緑を結び、人間にとって本当の豊かな暮らしと仕事と地域のあり方を被災地から創り出すような仕事おこしを、一歩一歩進めていきたい。

民間の雇用には頼れない被災地だからこそ、被災者、失業者、市民が主体となる新しい就労政策が求められる。この地で、市民の協同による新しい仕事おこしの実践を積み上げ、市民の主体的な動きを促し、支える就労政策への転換を求め、他の被災地や全国に広げていきたいと心から思う。

2 ワーカーズコープの理念と原則

◇「七つの原則」と「三つの協同」を実践の指針にすえて

ワーカーズコープは、働く人びと・市民がみんなで出資し、民主的に経営し、一人一票の決定権をもち、責任を分かち合いながら、地域の必要に応える仕事を自らの手で創り出す、仕事おこしとまちづくりの協同組合だ。協同労働とは、働く人同士が協同し、利用する人と協同し、地域に協同を広げる労働である。また、協同労働の協同組合の使命として、以下の四つをめざしている。

①人のいのちとくらし、人間らしい労働を、最高の価値とする。
②協同労働を通じて「よい仕事」を実現する。
③働く人びと・市民が主人公となる「新しい事業体」をつくる。
④すべての人びとが協同し、共に生きる「新しい福祉社会」を築く。

私たちは、働くことを通じての人間の成長・発達に、もっとも重い価値を置く。そして、「三つの協同」（働く者同士の協同、利用者との協同、地域との協同）を大切にし、利用者や地域の人びととの連帯性を高め、人と人との絆を地域に豊かに築いていくことをめざしている。そのためには、組合員のよりどころとなる共通の理念と原則が必要だ。四回の改定を経て、協同の労働・経営・運動のための指針として「七つの原則」（三六〜三九ページ、資料1）を定め、全国の働く仲間がそれぞれの職場で実践の指針として、大切にし合っている。

◇組織の構成

日本労働者協同組合（ワーカーズコープ）連合会（以下「日本労協連」）は、おもに四つの組織で構成されている（四〇ページ、図1）。

①地域労協

各地で失業問題に対する受け皿として事業体をつくりながら、ワーカーズコープとして自らを発展させてきた。

②センター事業団（後述）

③高齢者協同組合

日本労協連が構想し、各地で設立を推進してきた、高齢者の生きがい、福祉、仕事づくりのための協同組合。現在三五都道府県に広がり、その多くが生協法人を取得し、日本高齢者生活

第３原則　職場と地域の自治力を高め、社会連帯経営を発展させます

1）全組合員経営を進めます。

①働く人は、基本的に全員が出資し、組合員となり、出資口数にかかわりなく「一人一票」で経営に参加します。

②組合員は、「話し合い」と「情報の共有」を大切にし、事業計画を定め、事業経営を発展させます。

③組合員は、役員やリーダーを基本的に組合員の中から選び、お互いに協力し合います。

2）社会連帯経営を発展させます。

①組合員と利用者・地域の人びとが、地域づくりの主体者としての連帯性を強め、仕事をおこします。

②地域全体を視野に入れ、全ての世代を結んで地域づくりのネットワークを広げます。

③当事者・市民主体の豊かな公共をめざし、自治体・行政との協同の関係を築きます。

第４原則　持続可能な経営を発展させます

1）事業の継続性を高め、新たな仕事をおこすために、赤字を出さず、利益を生み出します。

2）経営の指標と目標をみんなで定め、守ります。

3）事業高の一定の割合を、事業と運動の発展のための積立金として積み立てます。

資料 1-1

■資料１　労働者協同組合(ワーカーズコープ)７つの原則

協同労働の協同組合は、共に生き、共に働く社会をめざして、市民が協同・連帯して、人と地域に必要な仕事をおこし、よい仕事をし、地域社会の主体者になる働き方をめざします。尊厳あるいのち、人間らしい仕事とくらしを最高の価値とします。

第１原則　仕事をおこし、よい仕事を発展させます

1）生活と地域の必要と困難、課題を見出し、人と地域に役立つ仕事をおこします。

2）働く人の成長と人びとの豊かな関係性を育む、よい仕事を進めます。

3）仕事と仲間を増やし、働く人の生活の豊かさと幸せの実現をめざします。

第２原則　自立・協同・連帯の文化を職場と地域に広げます

1）一人ひとりの主体性を大切に育てる職場と地域をつくります。

2）建設的な精神で話し合い、学び合い、連帯感を高めながら、みんなが持てる力を発揮します。

3）お互いを尊重し、一人ひとりの生活と人生を受け止め合える関係をつくります。

4）人と地域を思いやる「自立・協同・愛」の文化を職場と地域に広げます。

第７原則　世界の人びととの連帯を強め、「共生と協同」の社会をめざします

1）ICA（国際協同組合同盟）への結集をはじめとして、国際的な協同組合運動に参加し、発展させます。

2）協同労働の協同組合とその運動を、東アジアを焦点に世界的に発展させます。

3）戦争や環境破壊をはじめとする人類の危機を直視し、「資本のグローバル化」による大量失業と人間の排除に対して、「民衆のグローバルな友好・連帯」を強めます。

（2015 年 6 月 27 日、日本労協連総会で決定）

資料 1-3

4）期末の剰余を次の順序で配分します。
①「仕事おこし」「学習研修」「福祉共済」の基金
②労働に応じた分配
③出資に対する分配（制限された割合以下で）
5）積立金と基金は、組合員には分配しない協同の財産（不分割積立金）とし、世代を超えて協同労働と仕事おこしを発展させるために使います。

第5原則　人と自然が共生する豊かな地域経済をつくり出します
1）地域の資源を生かし、いのちの基礎となる食・エネルギー・ケアが自給・循環する社会を地域住民と共に創造します。
2）だれもが安心して集え、役割の持てる居場所を地域につくり出し、総合福祉拠点へと発展させます。

第6原則　全国連帯を強め、「協同と連帯」のネットワークを広げます
1）協同労働の協同組合の全国連帯を強め、運動・事業の経験を交流し、学び合います。
2）各種協同組合との間に「まちづくり・仕事おこし」の提携・協同を強めます。
3）市民組織や事業体、労働団体、大学・研究所、専門家等と連携を強め、いのち・平和と暮らし、人間らしい労働、基本的人権、民主主義を守り、発展させます。
4）労働と福祉を中心とする制度・政策をよりよいものにしていきます。

協同組合連合会を構成している。
④ワーカーズコープの理念に賛同し、将来的にこうした組織のあり方をめざして加盟している、さまざまな法人格をもつ団体

日本労協連に加盟するワーカーズコープの年間事業規模は約三五〇億円、就労者数は約一万五〇〇〇人だ（二〇二〇年）。このなかで②のセンター事業団は年間事業規模約二三七億円、組合員数七〇〇〇人と、最大の加盟組織である。ワーカーズコープを日本社会に広げ、発展させようとすれば、全国的視野に立ってその中核の役割を果たし、事業・運動・経営のモデルをつくり、本格的に推進する組織が必要となる。そのために、以下の四つの目的を掲げて日本労協連自身が一九八七年に設立した。

①ワーカーズコープの事業・運動・経営の実践のモデルをつくり

図1　日本労働者協同組合（ワーカーズコープ）連合会の組織

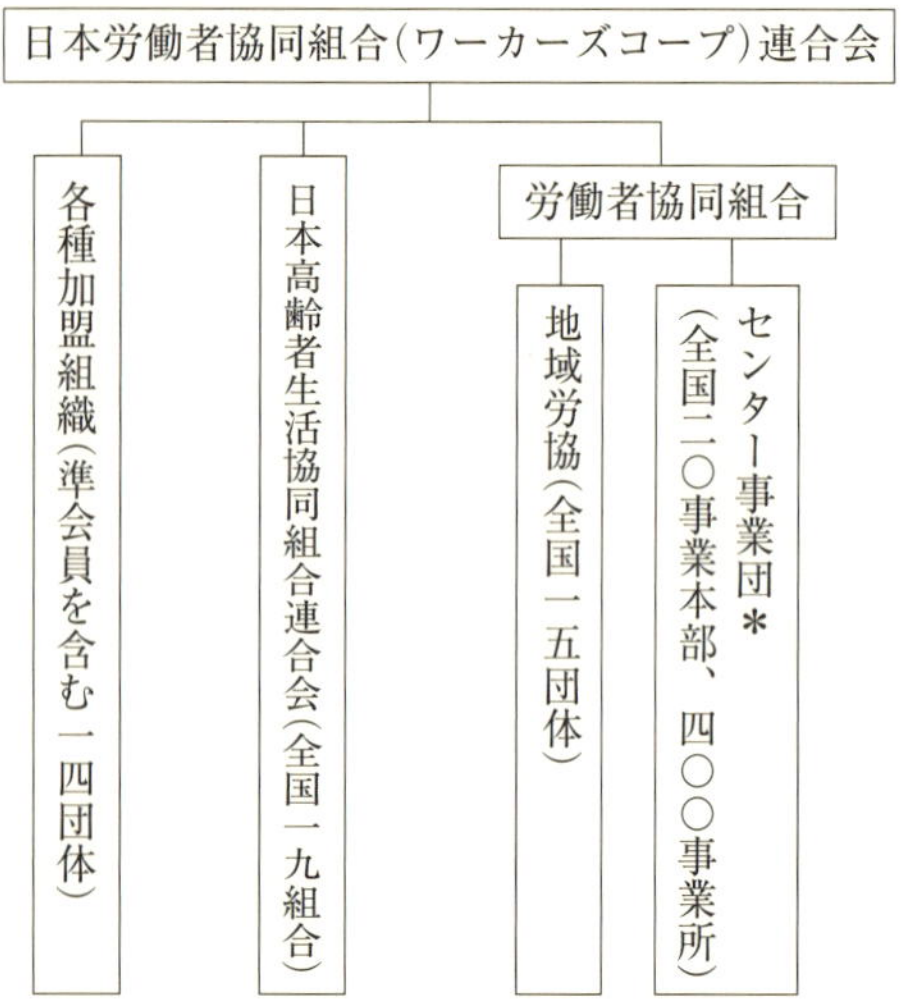

（注）＊センター事業団は、行う事業によってNPO法人ワーカーズコープと企業組合センター事業団という二つの法人を使い分けている。

出す。
②全国にワーカーズコープを広げ、発展させるための人材を育成し、送り出す。
③日本労協連の財政基盤を支える。
④地域労協や新たに加盟するワーカーズコープを支援する。
センター事業団は生まれながらに、自らの事業・経営の発展にとどまらず、全国のワーカーズコープの事業・運動の発展に尽くすことを使命とし、社会変革と全国連帯の思想を組合員と大切に共有しながら、協同労働運動の発展を推進してきた。

◆働く仲間の力を信頼する全組合員経営

日本のワーカーズコープは一九七一年に、失業者自身が自らの手で仕事を創り出す運動のなかから、その前身が生まれた。高度成長期に国の失業対策事業が打ち切られるなかで、制度の存続を求める運動と同時に、自らの手で事業体をつくり、仲間や失業者の働く場を確保しようという目的であった。失業者は再び雇われるしか働く道はないのか。企業の利益のために雇用されなくても、もって生まれたかけがえのない能力を人や地域に役立つために発揮し、力を合わせて事業・経営を行えないだろうか。私たちは、そうした力が働く者には十分あるということを、事実をとおして社会に示していきたいと考えている。

こうした目的にかなう事業体のあり方を模索するなかで出会ったのが、イタリアやスペインで発展していたワーカーズコープ（労働者協同組合）である。国際協同組合同盟（ICA）がまとめた『西暦二〇〇〇年における協同組合』（レイドロー報告）の労働者協同組合に関する以下の記述から、大きな確信を得た。

「労働者協同組合の再生は、第二次産業革命の始まりを意味するのだと予想することができる。第一次産業革命では、労働者や職人は生産手段の管理権を失い、その所有権や管理権は企業家や投資家の手に移ったのである。つまり資本が労働を雇うようになった。ところが労働者協同組合はその関係を逆転させる。つまり労働が資本を雇うことになる。もし大規模にこれが発展すれば、これらの協同組合は、まさに新しい産業革命の先導役をつとめることになるだろう」

中高年雇用・福祉事業団という名称で出発した私たちは、改めて自らを「労働者協同組合」として規定し、この新しい働き方を日本社会に広げていこうと、一九八六年に決意した。そして八七年には、典型的な労働者協同組合運動を創造し、全国的発展に寄与する目的をもったセンター事業団を前述のように設立する。最初の一〇年間の中心的事業は、病院の清掃や生協の物流センター内の作業などの委託事業だった。そこでは、「雇われる意識で入った組合員が、どうしたら仕事や経営の主人公に成長できるのか」というテーマと格闘していく。そしてあるとき、病院の清掃現場の仲間の大きな変化を目の当たりにすることとなる。

一九八七年ごろ、注射針の針刺し事故によって医療従事者がB型肝炎に感染し、死亡する例が相次いだ。調査してみると、病院の清掃組合員もその半数が針刺し事故にあっていた。そこで、「捨てるごみの向こうにも人がいる」というキャンペーンを行うことにする。病院に対して「職種や組織は違っても、いのちや安全に思いをはせた働き方を一緒につくりたい」と呼びかけ、懇談会を申し入れたのだ。

懇談会では、清掃職の組合員が注射針事故を起こさないための医療廃棄物の処理方法を提案。婦長や事務長と率直に話し合う場がつくられ、提案は共感をもって受けとめられる。こうして、下請けの清掃労働者としてではなく、「きれいで、安全で、心のこもった病院づくりのパートナー」としての関係が病院職員との間に築かれていった。組合員の清掃の仕事への誇りや喜びは大きく高まり、働く仲間同士の信頼関係も深まる。

その後、清掃に加えて建物の総合管理を任せられるようになり、委託契約額も徐々に改訂される。事業所の経営水準も高まり、給与改善を自分たちの手で実現した。こうして、給与の安さや仕事のきつさへの不満をぶつけるだけだった組合員が、困難や課題の解決を自分のこととして考え、仲間と力を合わせて切り拓く働き方に変わっていく。

他人に役立ち、喜ばれる、よい仕事をしたいという思いは、誰もがもっている。その主体性は、仕事の相手先や働く仲間との協同の関係性のなかで豊かに高められる。また、組合員が経営の主人公になれば、新しい事態を切り拓く力をもつようになる。彼らは、お金や目先の利益にとどまることなく、社会の必要に応えていこうという呼びかけに心を動かされ、力を発揮する存在である。こうした確信のもとに、「全組合員経営」という経営路線が確立されていった。

全組合員経営とは、出資をし、自ら成長していこうとする組合員の努力を基本として、事業所において「情報の共有」「話し合い」「よい仕事」「健全経営」「仕事拡大」など一つひとつの取り組みを着実に発展させながら、自治能力を高め、事業所全体が発展していく経営路線である。それは、組合員のもつ力と可能性を信頼し、その力を全面的に発揮し、成長・発達することに価値をおく経営路線であり、ワーカーズコープの根幹をなしている。

◇委託事業の限界を超えて地域の必要に応える存在へ

一九九二年に国際協同組合同盟の世界大会が東京で開かれ、日本労協連は加盟を正式に認められる。私たちはこのとき、こう決意した。

「これまでは多くの団体から支えられて、事業を広げてきた。これからは地域社会の必要や課題に応えられるような存在に高まろう」

そして、終末期の人間の生と死をテーマにした映画『病院で死ぬということ』(市川準監督)の制作、自主上映運動と、高齢者の福祉・生きがい・仕事づくりの協同組合＝高齢者協同組合の設立運動を行っていく(後に生協法人格を取得)。そこでは、自分たちの事業・経営を守るだけでなく、地域の必要に応える経営路線の確立が求められた。組合員自身が自らの経営に共感と確信をもつとともに、利用者や関係する地域の人びとの共感を得なければ事業・経営は成り立たない。したがって、地域に共感を広げ、働く仲間の共感を得られる経営を「共感の経営」

として位置づけた。

ところが、一九九五年以降、ワーカーズコープの経営は危機に直面する。バブル経済がはじけ、経営環境が厳しさを増すなかで、仕事の受託先である病院や生協から、契約額の引き下げ要請や契約解除の通告が相次ぐようになった。仕事を創るはずの協同組合が仲間を失い、失業者を生み出すことほど辛いものはない。事業・運動についての働く者の決定権を貫けず、仕事の生命線を受託先のオーナーに委ねざるをえない事業構造の危うさに突き当たったのである。

私たちは、地域と直接つながり、努力を尽くせば事業が広がり、地域の確たる存在になっていけるような事業に転換し、そのなかで委託事業も発展させていこうと決意する。そのころ、二〇〇〇年から介護保険制度が始まることが決まる。この制度と直結しながら、地域と生活に根ざした事業に構造転換しようと考えた。

介護保険制度は福祉サービスを行政の権限で提供する措置制度に比べれば、市民が地域福祉の主体になる可能性がある。だが、市場原理に任せておけば、自立支援の理念とかけ離れた制度になってしまう。だからこそ、市民が利用者として声をあげるだけではなく、担い手としても登場し、自らの手で地域福祉を創り出していこう。そこに、ワーカーズコープの新たな活躍の場を広げよう。こうして、ホームヘルパー養成講座を全国で開催し、約五万人を養成していく。

このとき、私たちには大きな飛躍があった。失業の危機に直面した清掃や物流の現場で働く仲間たちが地域でヘルパー講座を開き、自らも受講して、地域の人たちと一緒に介護の仕事に挑戦していったのだ。私たちは講座で出会った受講生に呼び掛けた。

「新しい介護の世界で苦労するのなら、志を同じにする仲間たちとワーカーズコープで、介護はもとより地域福祉全般を担う地域福祉事業所を立ち上げよう。本当の高齢者の自立支援と地域福祉を市民の手で担っていこう」

いまでは、地域福祉事業所が全国約三〇〇カ所(三五都道府県)に広がっている。

◆公共サービスを市民の手で担い発展させる

やがて、介護にとどまらず、さまざまなニーズが寄せられるようになる。たとえば養護学校(現在の特別支援学校)からは、高等部の知的障がいの子どもに就職先がなくて困っているので、子どもと親と教師が一緒に受けるヘルパー講座をやってほしいと言われた。路上生活者の方たちがヘルパー講座を受講し、ワーカーズコープで働く、自立支援事業にも取り組んだ。これらを通じて、困難をかかえる当事者たちの生きようとする力、自ら立ち上がろうとする力に組合員が励まされながら、「雇われる」という意識を越えて、地域の必要に応える新たな仕事を各地に生み出していった。

二〇〇四年からは、自治体の公共施設運営に指定管理者制度が本格的に導入される。私たちは、営利企業に任せる民営化ではなく、市民の手で担う民営化(市民化・社会化)をしていきたいという思いで新たな挑戦を始める。

「利用者や市民は、お客様ではない。公共を一緒に創る主体者だ。公共施設・公共サービスを地域の再生やまちづくりの拠点に発展させよう。そこを通じて出会うさまざまな課題に応える仕事おこしに、地域の力をあわせて取り組んでいこう。自ら出資し、地域に住んで働く者たちのワーカーズコープだからこそ、こうした主体的な働き方や事業が創造できる」

この考え方を企画書の柱にしてプレゼンテーションするなかで、全国に仕事が広がり、いまでは二五〇カ所(一九都道県)を超える各領域の公共サービスを担っている。なかでも大きかったのは、子育て支援事業の広がりだった。

学童保育所(学童クラブ)や児童館、保育園の民営化には、保護者や住民の反対が大きい。その不安が指定管理者に向けられるから、まず信頼関係を築かなければ仕事が始められない。また、子どもたちと初めて向き合う若い指導員や保育士たちは、たくさんの挫折を味わう。子どもを叱れない。子どもがまったく言うことを聞かず、立ち尽くす。

そこでは、一人ひとりの子どもたちをどう捉え、どう働きかけたらよいのかを、自分の殻を破って仲間同士で議論し、ぶつかり合いながら指導方針を一致させなければならない。子どもや親と真剣に向き合おうとすると、働く仲間同士の本物の協同が必要となる。困難をかかえる子どもや親を支えていこうとすると、地域の人たちの協力なしには成り立たない。

苦労するなかで、「これが協同労働なんだ」「これが三つの協同なんだ」と気づく。利用者、地域、働く者同士の協同を広げ、支え合いのあるコミュニティをつくることがよい仕事の中核なのだということが、日常の実践に共通するテーマとして位置づき、深められていった。

◇困難に立ち向かう社会連帯経営と仕事おこし

二〇〇四年には新たに、「社会連帯委員会」(現在は一般社団法人日本社会連帯機構)も発足させた。協同組合は事業を行う組織なので、自らの事業だけに閉じこもりがちになる。働く組合員もお金になることはやるけれど、それ以外の活動に取り組まなくなりがちだ。そういう事業体としての限界を越えるために、全組合員が給料から毎月五〇〇円の会費を払い、法人も組合員の拠出総額と同額を出して社会連帯基金をつくったのである。

この基金で、さまざまな社会連帯活動に一人の市民として取り組んでいく。仕事の範囲を超えて、地域とつながり、地域へ飛び出していった。本書の報告で述べられているように、休耕地の活用、菜の花プロジェクト、直売所づくり、地域の祭りの再生、満足に食事が食べられない子どもたちを支える炊き出し、孤立を防ぐサロンや居場所づくりなどだ。こうした活動は組合員の視野を広げるとともに、広く一般市民の取り組みとなってきている。

最近は、失業や貧困、孤立などの問題が深刻化するなかで、利用者や家族、地域に困難をかかえる子どもや親、若者、障がい者、高齢者、就労困難者が急増している。それを正面から受けとめ、地域で痛みや悩みを共有する居場所づくりや地域懇談会を積み重ねながら、制度を越えた新たな仕事おこしに、各地で挑戦してきた。

親とともに設立する障がい児のデイサービス、困難をかかえる若者たちの働く場づくり（農業、ハウスクリーニング（清掃代行）、生活支援、廃食油回収とBDF＝バイオディーゼル燃料の精製など）、買い物難民の必要に応える共同売店などだ。こうした仕事おこしをとおして、困難をかかえる当事者の立ち上がろうとする力が地域の連帯を生み出し、課題を解決する力をもてることを実感している。

さらに、各地で失業者を対象とした職業訓練（基金訓練＝中央職業能力開発協会が認定する、緊急人材育成・就職支援基金事業による職業訓練など）を開催した結果、多くの失業者と出会い、ネットワークが広がった。それが組合員の意識を大きく変え、仕事おこしへの挑戦力を高めている。よい仕事をとおして見えてきた生活と地域のニーズと、切実に仕事を求める失業者の存在を一つに結んで、三つの協同の力で地域から新たな仕事を創り出す。社会の矛盾と立ち向かい、地域に社会連帯の力を生み出すこうした経営路線を「社会連帯経営」と位置づけ、新たな挑戦が始まっている。

3　市民・地域主体の新しい日本社会の創造へ

◆協同労働の協同組合法の制定――完全就労社会の実現を

これまでの日本社会では、労働者＝雇われる人であり、協同労働という働き方は想定されていない。協同労働の協同組合を認める法律はなく、中小企業等協同組合法や特定非営利活動促進法（NPO法）などによる法人格を活用して仕事をしてきた。

そうしたなかで、二〇〇〇年に「「協同労働の協同組合」の法制化を求める市民会議」が発足し、〇七年ごろから本格的に活動が広がっていく。失業と貧困、自治体の財政危機、地域経済の疲弊と地域コミュニティの崩壊が広がるなかで、働く人、市民が協同し、地域課題の解決のために立ち上がり、仕事を創り出す働き方への期待は大きい。すでに一万団体の賛同署名が集まり、二二一人の超党派の議員連盟が生まれ、八〇七の議会で早期制定を求める意見書が採択されている。法制定への見通しは開けてきたといってよい。

協同労働法が実現すれば、労働を雇用関係から解き放ち、企業に雇われて働くしかない閉塞状態から脱して、生活と地域に結合させ、自立・協同・連帯に基づく働き方への展望が開ける。失業の困難に直面している人びとが仲間を得て、希望をもって立ちあがる力になる。

何よりも、東北の被災地で仕事を求める人びとが、雇用されるのを待つだけではなく、我がまちの復興へ向けて、もてる力を合わせ、地域の資源を活かし、仕事を創り出す力になる。そして、人のつながりや主体者として生き、働くことを求める人びとが、自らの労働と生活と地域を人間的で豊かなものにつくり変える力＝社会を変える力を生むだろう。協同労働法の制定を機に、働く意志のあるすべての人が社会とつながり、地域とつながり、誇りをもって働ける社会＝完全就労社会を実現していきたい。

◇本当の豊かさとは何か――地域循環型コミュニティの創造へ

経済成長最優先の社会と決別し、原発を推進してきた社会のあり方を変えようとするとき、私たちは生活、労働、地域、産業のあり方を根底から見直さなくてはならない。

人間が生きていく基本は、自然の恵みを活かした安心・安全な食の自立、互いの困難を受けとめて支え合うケア、自然の力に依拠したエネルギーの自給を可能とする地域循環型のコミュニティである。いのちを大切にする地域を広げ、そこに豊かな就労の場をどう創るのか。産業構造を転換し、都市から地方へ移り住む流れをどう生み出すのか。地域間の格差をなくし、地域と地域が連帯関係で結ばれる新しい日本社会をどう実現するのか。

FEC(Food＝食、Energy＝エネルギー、Care＝ケア)自給コミュニティづくりは、経済成長と利益を最大限にする社会をつくり、なお、それを推し進めようとする者たちへの市民、働く者の側からの対抗力ともなる。

それらを私たちの手で、市民の協同の力で、創り出していきたい。その営みこそが、〝真の公共〟である。この営みを支え、育むものへと、あらゆる公共政策を転換しなければならない。日本社会は変わらなければならない。今度こそ変えねばいけない。

東北に、新しい日本を。

そのためにも、協同労働という尊厳ある働き方を多くの人びとに届け、生活と地域の本当の豊かさを、共に創り出していきたい。

〔田中羊子〕

現場からの声

お金は後からついてきた（埼玉県深谷市）

パートでなく主体者として

埼玉県深谷市を中心にした労協センター事業団「だんらんグループ」は、複数のテレビ番組に取り上げられ、女性週刊誌では「リストラ主婦六〇人、年商三億円の奇跡」と紹介された。お金儲けが目的のようでイヤなタイトルだが、地域に出て、見えてきた課題を解決しようと事業化した結果、お金も後からついてきたのだ。

私が労協センター事業団と出会ったのは一九八七年五月、生協の物流センターができ、そこの仕事に応募したのが始まり。三五人の仲間全員が「生協のパート」という意識だったと思う。ところが、仕事を受託したセンター事業団からは〝雇う・雇われる関係〟がないとか、短時間就労であってもパートではなく組合員となって主体者として働く、というような話を聞かされた。一人ひとりが働き方を文章にしたこともある。

やがて、現場組合員から事業所長を出すように言われ、私が所長になる。そして、金銭に関わる実務も分担し、委託金額や経費が見えるようになると、みんなの主体者意識が一段と高まった。

就労者はほとんど女性だが、永戸祐三専務（当時）とは、会議後にいつも飲みながら〝延長戦〟。何でも言える関係と、永戸さんの「どうして、もっと本物になろうとしないの。『本当にこれをやりたい』といえば、夫も子どもも『がんばれ』と言ってくれるのでは」というような話に引き込まれていく。

豆腐作りから介護事業へ

徐々に委託される仕事が増えていったが、不況の波によって生協の都合で仕事が減り、完全打ち切りの話も出た。ここで、「仕事がなくなる。自前の新しい仕事を創ろう」という声があがる。こうして、現場から「仕事おこし」の話し合いが始まった。

何をするかいろいろ議論し、「本物の豆腐作り」に決める。途中で「白紙に戻して考え直そう」となり、「何なのよ！ やるしかないよ」とやり合う場面もあった。自分たちでやるのは大変だけど、そこを避けていたら、いつまでも〝雇われ者〟でいるしかない。

一九九五年六月に「深谷とうふ工房」を開店。地域の高齢者の生活にふれるなかで、配食サービス、介護事業へと展開していく。継続してきたホームヘルパー講座修了生は一〇〇〇人を超え、介護を中心とした現場は三カ所に。二〇一〇年には、自前の建物を新築、とうふ工房も二店目を開くまでになった。

２店目の開店時に挨拶する中西千恵子所長

仕事おこしへの挑戦は、まず一歩踏み出して行動すること。行動して初めて何かが始まると実感している。

〈岡元かつ子〉

2 サラ金も解決、葬儀もやります

東京都墨田区

1 困ってたら、ほっとけない

◇本人の前でサラ金に電話

その日、ホームヘルパー（以下「ヘルパー」）の小峰吉代《きちよ》さん（一九四九年生まれ）が訪問介護に出向くと、平田光郎《みつろう》さん（仮名、一九四三年生まれ）の姿がない。脳血管性の認知症状がある平田さんは一人暮らしで、生活保護受給者だ。

居場所の見当がつく小峰さんが自転車で探しに出る。小さな紙を手に、困った顔をして、うろうろしている平田さんを、すぐに見つけた。「それなあに、見せて」と言うと、大手サラ金からの督促状。

「『電話をかけてください』と書いてあるから、かけなければいけない」

「電話かけて、あんた、どうするの」

「どうにもならん」

「じゃ、一緒に行く?」

行き先は、労協センター事業団あゆみケアサービス(東京都墨田区、以下「あゆみ」)の事務所。月に一回はあゆみに顔を出している平田さんは、「ああ」と言って、あゆみに向かった。

督促されていたのは五〇万円。当時はまだ法規制が緩かったため、二七・三七五％の高利。大谷みちこ所長(一九五〇年生まれ)と、こんなやりとりになった。

「こういうのがきた。どうしよう」

「どうしようって、どうしたいの?」

「返せへんねん」

「それなら、どうするの?」

「どうしたらいいか、わからへん」

「じゃ、任せる?」

「任せる」

「じゃ、私が代理人で、ここに電話させてもらって、話をする。言ってほしくないことも含めて、あなたのために言うよ。いいね」

「はい。すんまへん」

大谷さんはその場でサラ金に電話する。

「うちのお客様の平田さんの代理です。督促状が届けられたんですけど、なにしろ、認知症という病名がついている方で、老年期痴呆症と高血圧で返済能力がありません。もしお宅さまのほうで請求をかけられたとしても、生活保護という制度で守られた人ですから、たぶん無理でしょう。裁判にかけても、けっこうですよ。でも、返済能力がない者に裁判かけても無駄になるから、どうしましょう。認知症という診断書が必要なら出しましょうか」

「あ、そうですか。ご本人は何と言ってるんですか」

「お待ちください。ここにおりますよ」

「平田さんですね。いまいろいろ聞いたんですけど、ほんとにそうなんですよね」

「はい、はい。すんまへん、はい」

大谷さんが代わって、「何言ったってこういうことなんですよ」と言う。

「では、支払い能力なしということで処理いたしますので、診断書だけ送ってください」

「はい、わかりました」

これで、一件落着。

こうした場合、重要なのは本人の前で電話をすることだ、と大谷さん。

「やってあげるのは簡単。だけど、本人をそこにおかなければ、自分のために何をしてくれたのかという実感がない。自分も電話に出て、自分の耳で聞けば、自分がえらいことをしたんだなと感じる」

よくこんなことまで…と言うと、小峰さんはさらりと答えた。

「ここは生活援助、生活全般をみるんだから。困ってたら、ほっとけないでしょ」

そして大谷さんは、「うちのヘルパーはみんな当たり前だと思ってるんじゃないかな」と言う。

◇利用者自身が前向きになるのが目標

「要介護認定がおりたから、すぐ入ってください」と墨田区のケースワーカーから依頼され、平田さんのケアを始めたとき、あゆみのスタッフが最大の問題だと考えたのは、アルコール依存とギャンブル依存だった。

二五度の焼酎を朝から飲む。六畳一間の部屋に友達が集まり、麻雀などでカモにされる。パチンコにもつぎ込む。生活保護のお金は、半月もしないうちになくなる。すると、「金がない」と区役所に怒鳴り込む。そんな生活だった。

あゆみが担当しはじめてからは、そうしたことがあると、「迎えに来てください」と区役所からすぐ電話がくる。迎えに行くと、いないことも。どこかで倒れてるんじゃないかと自転車で探すと、家に戻っていたりする。

見つければ、「とりあえず事務所においで」と声をかける。区役所に怒鳴り込むまでした理由を確かめるためだ。事情は、そぶりをみると、だいたいわかる。大谷さんたちが「おなかすいてるの?」「お酒飲んで、お金ないわけ?」など、いくつか選択肢を用意して聞くと、「これしかない」と千円札を出したりする。

原因がわかると、まず話し込む。

「怒鳴り込んじゃだめよ。お金がないのは自分が悪いんでしょ。お金の使い方が間違ってるんじゃないの。食べるお金だけは残すべきでしょ。その他はどう使おうがいいから」

話をするだけではない。「ここに来たら、ただでは帰さない」のだ。

そばがあれば、ゆでて食べさせる。缶詰一個でもいいから「とりあえず、これ食べててちょうだい」と出す。そして、「これを作って食べさせてもらいなさい」と、食材を渡して送り出す。ただし、その食材は買ったものではない。一人暮らしの利用者が二〜三カ月の入院になると、ヘルパー二〜三人で家に行って冷蔵庫の中をカラにしてくる。いただきものも多い。だから、事務所の二つの冷蔵庫はいつも満杯。

あゆみは平田さんのケアに毎朝一時間入る。認知症が進み、大家さんから火を使ってはいけないと言われ、ガス栓も止められていたから、カセットコンロを届け、朝食を作った。食事をきちんととることで、朝からのアルコールを少しずつ遠のかせるようにしたのだ。朝以外にも、ボランティアでよく食事を作った。また、クリニックのデイケアに行くように勧め、週四日朝から通うようにする。こうして、朝から飲まない生活習慣が身についていく。

平田さんは当初「要介護1」（介護保険法による要介護度の五段階評価では一番軽度）で、家に帰れず行方不明になるなど不安定な状態だった。それが二年間あゆみの訪問介護とクリニックのデイケアを使うなかで、入浴、買物、調理などが自分でできるようになり、周囲との関わりも築けるなど自立度が向上。要介護より軽度な「要支援」となる。

ただし、大谷さんたちは、いまもしつこく言っている。

「自分で解決がつかないことがあれば、あゆみへ電話する。何か変わったことがあれば、なんでも電話するんだよ。自分で勝手にやらないでね」

利用者自身が前を向いて生きるようになることに大谷さんたちの目標があり、希望もある。

「どうとでもなれ、という感じの生活だったのが、変わってきた。生きることが自分の人生のプラスになる感覚が彼の中に生まれてるんじゃないのかな」

◆高齢者を支える訪問介護・通所介護

あゆみの事務所は東武伊勢崎線鐘《かね》ケ淵《がふち》駅から徒歩一分。駅名にもあるようにカネボウ（旧鐘紡）発祥の地で、多くの工場が第二次世界大戦後の復興とともに操業を開始した。その後、大手企業は海外に工場を移すが、家族経営のゴム・油脂・石けん・繊維などの零細企業は健在だ。いまもプレスの音やゴムの臭いがして、下町の様子を色濃く残す。あゆみが行うおもな事業は、訪問介護と通所介護だ。

訪問介護は一一〇人（うち一八人は要支援認定者に対する介護予防）の高齢者と契約。二八人の訪問介護ヘルパーが自転車で走り回り、稼働時間は月に約二三〇〇時間にも及ぶ。そのうち四八人(うち介護予防七人)は通所介護(デイサービス)も契約し、一日約九・五人の利用者をヘルパー五人が支える(二〇一一年五月現在)。

利用者のうち一人暮らしは約五割、生活保護受給者が約三割。無縁社会が大きな社会問題としてクローズアップされる以前から、「生活習慣が崩れ」「役所もお手上げ」という困難なケースを引き受け続けてきた。それは、単なる身体介護ではなく、生活を丸ごと支えるケアを一歩一歩広げてきた歩みでもある。

◇最大の課題は居住環境の整備

山田一郎さん(仮名、一九三六年生まれ)は体重が一〇五キロあり、パーキンソン病。ケアマネジャーから、「入院させたいが、一人暮らしで入院の支度ができないので、準備してほしい」と依頼された。部屋はアパートの二階。ヘルパーが介助して階段を降ろそうとも考えたが、危険が大きすぎ、救急車を呼んだ。

退院後も、階段の上り下りは困難を極めた。手すりを付け、這って上り降りをしたが、転倒を繰り返す。何回か転居を勧めたが拒否。二階で風通しがよく部屋も明るいので、気に入っていると言う。だが、やがて身体状況がますます悪くなり、命の危険もあるので、転居を説得。半年後にようやく納得した。

そこで、あゆみの知り合いの不動産屋に、生活保護制度に定められた住宅扶助の範囲で暮らせる一階の住居を探してもらう。引っ越し費用は墨田区の負担が認められた（墨田区では、身体障害や高齢による疾患などで現状の住居では生活が困難な人の転居費用として、家賃・敷金・補修費などを一定額まで保障する）。そして、フローリングの部屋にベッドを入れ、ダイニングテーブルと椅子をそろえる。さらに、介護保険の給付でお風呂や玄関に手すりが付き、トイレも改修して、排泄の始末が自分でできるようになった。こうして生活は大きく改善する。

このケースはまだいいほうだ。大谷さんは、アパートの急な階段を上がった二階にある野村忠夫さん（仮名、一九三二年生まれ）の部屋に入ったときのことを、目に浮かぶように話してくれた。

「垂れ流していて、畳に足を踏み入れると、田んぼのように水がしみてくる。お布団も尿失禁でびっしょり。しかも、冷蔵庫を開けると鼻が曲がるような臭いがして」

野村さんはアルコール依存で、歩くことも話すことも満足にできなかった。以前、行き倒れ状態で運ばれた病院で暴れて手がつけられず、強制退院させられたという。そんな状態の野村さんの介護を「介護認定はまだおりていないけど、そのままにしておくわけにもいかないので相談にのってほしい」とケースワーカーから頼まれたのだ。

あゆみでは、手の空いているヘルパーと事務所スタッフ総がかりで出かけ、水がたまっていた畳を引きはがした。重い冷蔵庫はひもでぐるぐる巻きにし、男性三人がかりで運び出す。臭いがすごいため、あゆみの近くの空き地まで持っていき、中身を取り出した（代わりの冷蔵庫はあゆみから運んだ）。

このように、まず住まいを訪ねて生活環境を一変させる取り組みを始めたのは、生活保護受給者のケアが多くなった二〇〇三〜〇四年ごろからだ。そのままではヘルパーが入って仕事を到底できないからだが、これはスタッフと利用者との関係づくりの場となり、利用者自身にとっても新しい人生を歩もうとする契機となっていく。

野村さんの部屋で片付けをしていたときは、アパートの住人たちから呼び止められた。

「野村さんを連れて出て行ってくれ」

「私たちは役所ではありません。ただのヘルパーです」

「この人がいると、アパート自体がどうにもならない」

野村さんの部屋は風呂がなく、トイレは共同。急な階段で外出もままならない。「ここで暮らすのはよくない」という声がヘルパーからもあがった。

そこで、部屋探しに入る。難航したものの、四カ月後に、あゆみの利用者が住んでいたアパートへ引っ越すことができた。その利用者は入院中で、病状が悪化していたので、もしものときは継続して借りられないかと、付き合いのある不動産屋を通じて家主に話をしていたのだ。一階で、風呂もトイレもある。家具も使わせてほしいと頼み、足りないものはあゆみから運んだ。

◆遺体の引き取りも葬式も

一人暮らしの高齢者が新たに住居を確保するのは、きわめてむずかしい。まず保証人がいない。あゆみでは、賃貸契約書の裏に、「何かあったら面倒をみます」という、大谷さんの名前と連絡先を書いた紙を貼って対応している。これでOKのケースが数件ある。「面倒をみる」という言葉だけでなく、実際に、遺体の引き取りから部屋の掃除まで全部やってきた信頼感があるからだ。

前述の利用者の場合、遺体をあゆみで引き取り、残された財産とヘルパーが持ち寄った香典でお別れ会を開き、翌日にはささやかな本葬も行った。このお別れ会は、ヘルパー自身の心のケアの場としても不可欠なものとなっている。見送る人が誰もいないと、ヘルパーが気持ちの区切りがつけられないまま次のケアに入らなければならない。故人を偲び、笑顔で見送る場は、ヘルパー一人ひとりが背負っていた重荷を下ろす場としても、重要な意味をもっている。

施設に入居していた末期ガンの福岡謙一さん(仮名、一九四一年生まれ)は、最後は在宅を希望。「一度、家族に会いたい」とヘルパーに伝えた。何らかの理由で故郷を飛び出し、家族との縁を切って、働けるうちは酒とギャンブルに明け暮れ、気ままに暮らしてきた人の大半は、迷惑をかけたくないから家族には連絡しなくてよいと言う。福岡さんのような要望は珍しい。

九州に住んでいるという家族を捜すと、姉の家族や母親が健在なことがわかる。弟が生きていたことに驚くとともに、死期が近いと聞いた姉は、兄弟に声をかけ、高齢な母親以外の全員

亡くなった利用者を偲ぶ会を開催。家族も喪服で参加した

で会いに来た。ヘルパーたちは知らなかったが、福岡さんは、昔は手がつけられない荒くれ者だったという。姉たちは穏和になった姿に感激。一週間も泊り込んで看護した。そして葬式をあげ、あゆみの一階で開いたお別れ会に出席。最後の場面をヘルパーたちと共有した。

このように、あゆみでは利用者が希望すれば、葬式も埋葬も行う。

葬式は、僧侶の平尾弘衆《こうしゅう》さんが主宰する「ストリートワーカーズコープぽたらか」と提携。安価でお経をあげ、戒名も考えてもらえる。あゆみの元ヘルパーだった平尾さんは、ホームレスを支援する簡易宿泊施設の運営も行っている。

また、家族がなく、お墓もない人は、自治体で行旅死亡人として火葬され、無縁墓地に埋葬される場合が多い。これに対してあゆみの利用者は、希望すれば「墨田生活と健康を守る会」が埼玉県越生《おごせ》町につくった共同墓地に埋葬される（年間一万三二〇〇円の会費を収め、二二万円の永代供養の費用を一括または分割で生前に払う）。

◇地域との緊密なネットワーク

貧困と孤独のなかにある高齢者の生活を最後まで支えるあゆみのケアは、地域におけるたくさんのネットワークによって成り立っている。

その象徴が、あゆみの物置ともなっている事務所二階の一角だ。冷蔵庫や洗濯機はもちろん、机、椅子、棚、布団、電子レンジ、アイロンなどがところ狭しと積み上げられている。利用者の死亡や施設入居などで不要になった家財道具を本人や家族の許可を得て運んできたのだが、それだけではない。

引越屋さんはマンションの取り壊しや病院の建て替えなどのとき、あゆみに必要だと思えるものをリストアップしてくれる。たとえば、廃棄される何台もの車椅子。自転車屋さんに頼むと、「しょうがねえな。金になんねえや、ここは」と言いながら、実費だけで出張整備してくれる。この車椅子を必要とする利用者が使う。

「ハイエナみたいなもんよね、うちはね」

小峰さんはそう言って笑ったが、もちろんそう見ている人は誰もいない。お互いの特徴や持てる力を活かし、使える家財道具を有効に使い回し、地域でお互いに支え合う関係をつくりだしているのだ。ぽたらかが運営する宿泊所スタッフへの職業訓練（ホームヘルパー講座を中心とした就労支援）やその後の就労あっせんにも、力を入れている。

こうしたなかでも特筆すべきは、自治会や町内会との連携だ。とくに、大谷さんが住んでいた都営白髭《しらひげ》団地の自治会とは高齢者や障がい者についての情報交換をひんぱんに行い、介護の相談に乗り、介護用品を提供する。この団地は、二DKと三DK。収入制限があり、若い人が一緒に暮らせなくなるため、高齢者ばかりになる。五三三戸の約半数は高齢者のみの世帯だから、団地内でサポート隊も組織されている。あゆみのヘルパーがすぐ入れない夜間に利用者から緊急の呼び出しがあると、このサポート隊に連絡し、緊急対応してもらうという関係ができているのだ。

2 利用者本位のケアサービス

◆それぞれの人生模様

このように地域に根ざして生活全般に関わるあゆみのケアサービスは、どこから生まれ、どう発展してきたのだろうか。原動力の一つは、あゆみを設立したメンバーの歩んできた道や思いにある。

二〇〇〇年四月の介護保険制度導入を前にした二月、あゆみの設立に加わったのは墨田区内の向島《むこうじま》家政婦紹介所に登録して働いていた八人だ。家政婦としてさまざまな人生模様に出会い、「何でもやってきた」（大谷さん）彼女たちには、物事に動じない強さと、人に対する温かさ、そして人を排除する社会への怒りが育まれていた。

メンバーには、離婚し、自分の収入で子どもを育て、生活しなければならない女性が多い。

〝肝っ玉母さん〟と呼ばれる大谷さんは、一九五〇年に福岡県中間市に生まれた。炭鉱で働いていた父親は世話好きな人柄で、職場では労働組合の執行委員、地域では民生委員を務め、炭鉱事故で障がいを負った人たちを親身になって世話していた。大谷さんはその姿を見て育つ。

一五歳で家を出て、墨田区にある軟式ボールの製造工場で働いたが、二〇歳のときに労働組合潰しで工場は閉鎖。その後、結婚・離婚・再婚を経験し、四〇歳から向島家政婦紹介所に登録して九年間働く。この間、社長の勧めで勉強し、ホームヘルパー三級、二級、一級、労災ヘルパーなどの資格を次々に取得した。

だが、家政婦紹介所で働く場合は自営業扱いなので、厚生年金、雇用保険、労災保険などに加入する仕組みがない。また、感染症対策もない。当時は利用者の結核などの疾病状況について教えてもらえず、感染の不安をかかえながら働いていた。しかも、家政婦紹介所をとおしての仕事では他にどんな人が働いているのかまったくわからず、横のつながりが生まれない。孤独に働いていたという。

その後、介護保険制度が始まると聞き、自分たちで組織をつくれないかと模索を始めたと

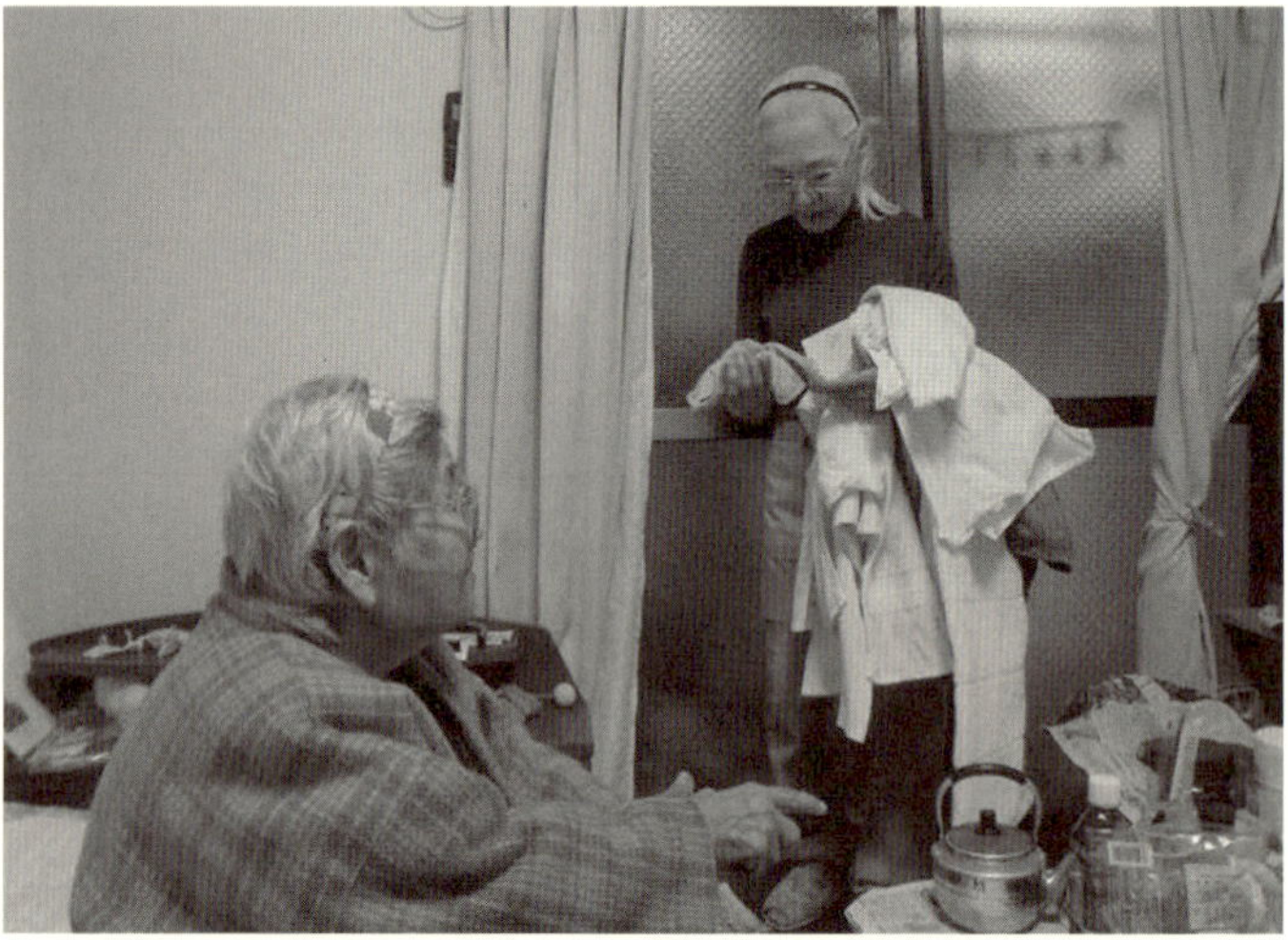

利用者の部屋で洗濯物をたたむ吉川さん

き、趣味の歌仲間から日本労協連について聞き、センター事業団の田中羊子東京事業本部長（当時。現在は専務）らと出会って何回か話し合った。そして、協同労働という「一人ではなく、みんなで力を合わせて助け合って働く」働き方に共鳴。「ここなら思うような介護や生活支援ができる」と感じ、また「法人の職員になるから社会保険にも加入でき、安心して働ける」ので、センター事業団の事業所としてスタートすることになる。

　吉川さたさん（一九三四年生まれ）は二人の子どもが小学生のときに離婚。複数の仕事を掛け持ちで働いた。住み込みや通いの家政婦の仕事を長く行い、六七歳のときにあゆみの設立に合流した。

　「ヘルパーの仕事はすごく好き。気性が荒い人なども相手にするけど、人はみな何かしらのハンディをかかえているでしょ。そのことを忘れず、すべての根本に優しさをおいて仕事をしてきました。大変だと思ったら大変なので、そう思わないことにしてるの。辛いことも悩んだこともあったけど、人生の相談も含め、大谷さんに聞いてもらってきたわね」

◇すべての利用者に温かく接する

八人は家政婦紹介所のつてを頼って、毎日地域を訪問。町内会をまわり、介護保険制度の説明をしながら、利用者の獲得に努めた。四月の介護保険スタート時点で二二件、四九七時間の稼働時間を確保。八月には五四件、一五三七時間と、ほぼ三倍に増えた。

あゆみでは、ヘルパーが家から利用者宅を直接訪問して帰る「直行・直帰型」(一般的には当時も現在も主流)ではなく、必ず事務所に寄って報告することにしている。そして、一カ月に一回開く団会議(センター事業団に加盟する事業所では、会議を「団会議」と呼ぶ)の半分の時間を個別のケース検討にあて、どのようなケアをしたらよいのか、みんなで話し合っている。

当初、東京土建一般労働組合墨田支部の二階応接室を無償で事務所として借りていた。団会議は、近くのファミリーレストランで一八時ごろから、夕食を食べながら行った。四月のケース検討会で一番盛り上がったのは、墨田区役所に仕事を紹介してほしいと日参した結果まわされてきた七四歳の男性についてだ。

「精神病院に入院していた一人暮らしの人です。空手をやっていて、この数日は目が血走り、部屋のあちこちを何回もたたいてるので、『手が痛くなりますよ、どんな手してるんですか、さわらせて』と、話をそらして止めたんですけど。木刀を振り回すし、『泥棒がまた夜中に金を盗もうとしている』とも言う。二人で入ってますけど、掃除中も背を向けないように心掛けています」

この報告に、「怖いねえ」という反応があると、「まあ、へっぴり腰だからたいしたことないけど」。一同、爆笑に包まれた。

担当ヘルパーと事務所スタッフは毎日のように事例検討を重ね、男性の「自分を認めてほしい」という気持ちをつかんでいく。「十分認めてるよ、私たちがいるよ」「大丈夫、明日また来るよ」「明日はもっといいことあるよ」と繰り返した。そして、包丁、鍋、釜、洗濯機を買わせ、安いベッドをレンタルで入れるなどするうち、半年後の検討会ではこんな報告が聞かれるまでになる。

「お茶わかしといてくれるんですよ。お米もといでてくれたの。それはいいんだけど、中釜なしで、お米だけ炊飯器に入れちゃって」

また爆笑だ。

精神疾患をかかえた利用者のケアは初めてだったが、この経験が生きる。その後、民間では第一号となった精神障害者ホームヘルパー養成講座を開催し、四回続けた。

どんな困難なケースにも体当たりし、その経験と教訓を共有するなかで、決して見捨てず、本当に温かい目で接する集団が形成されていく。

◇内容の充実と体制の限界

ケアへのこうした姿勢や運営のあり方は、新しくケアの世界に入ろうとしていた人たちの心もつかんだ。

吉村ふさ子さん（一九五一年生まれ）は岐阜県の商業高校を出て木曽農業協同組合に就職。預金窓口や経理の仕事に二七年間たずさわってきた。農業協同組合のモットーは「みんなは一人のために、一人はみんなのために」だと教えられたが、その実感は少なく、ただ雇われている感じだったという。

五〇歳で離婚し、東京で一人暮らしを始めた。一九九七年に取得した二級ヘルパーの仕事だけでは生活できず、介護福祉士の資格も取得し、スタート直後のあゆみに加わる。あゆみでは、利用者の想いに応えていくと利用者が笑顔になる。自分が求められている喜びを感じ、自分の居場所が見つかったと思った。

「月に一度の団会議は、みんなが言いたいことを言い合う。大変なケースも、事務所と一緒になってみんなで相談できました。また、一人のヘルパーで入る事業所が多いなか、あゆみでは複数のヘルパーが一人の利用者のところに入っているので、一人で背負い込まなくてすむ。みんなと一緒にやっている連帯感があります」

あゆみのヘルパーは指示や命令で動くのではなく、主体的に働く。一人ひとりの利用者と向き合い、常に変化する利用者の状況を的確に捉える。そして、自立支援という観点から何が必要かを考え、制度を活用し、ときには制度を越えた対応も行い、地域社会全体で、その人らしく生きることを支えていく。そんな姿勢が確立していき、二〇〇六年ごろから事業所の運営は安定する。

だが、それは長くは続かなかった。やがて介護保険料の請求事務の不備が見つかり、運営体制を見直さなければならなくなったのだ。それは、責任者の大谷さんがすべてを把握し、すべての判断をしていることの限界でもあった。

3 親密な関係を生み出す協同労働

◇進化するメンバーたち

二〇〇八年四月、吉村さんと吉野忠さん(一九四五年生まれ)が「協同労働の協同組合」法制化を求める地域市民集会に参加した(パネラーは、元連合会長で「協同労働の協同組合」法制化をめざす市民会議会長の笹森清さん(二〇一一年逝去)、反貧困ネットワーク事務局長の湯浅誠さん、前我孫子《あびこ》市長の福嶋浩彦さん)。帰りの貸し切りバスで感想を出し合った際、吉村さんが語った。

「自分たちが日々の仕事を通じて地域のどんな人たちを支え、地域で何をやろうとしているのかが初めて見えました」

地域の貧困や孤立に苦しむ人たちを支え、ケアをとおして安心して駆け込める拠点や、顔の見える安心して暮らせる社会をつくろうとするのが自分たちの仕事だと、改めて感じたというのだ。それまでは、仕事が介護保険業務を越えて多岐にわたり多忙なうえに、研修会や集会への参加もあって休みがとれず、不満や愚痴も少なくなかったが、このときから前向きな提案や建設的な意見に変わっていく。吉野さんも、「自分の住んでいる地域の実態をもっと見なくてはいけない」と感想を述べた。

吉野さんは二〇〇五年に六〇歳で定年退職後、労協センター事業団江東みどり地域福祉事業所のホームヘルパー講座を受講する。その前から、認知症となった高齢の母の家に五人の兄弟で一週間交代で泊り込み、一一年間在宅介護した。母親は九六歳で施設に入り、一〇〇歳で亡くなったが、人は介護がしっかりとすれば長生きできると確信したという。

母親の介護のかたわら、あゆみで働くとともに、介護福祉士の資格を取得。ケアや医療についての学習会を事業所で計画したり、運営委員会をつくって翌月の課題を東京事業本部の課題と重ねて検討し、共有していく中心となった。二〇〇七年のセンター事業団総代会では、全国の仲間の発言に感動。「労協は普通の人たちが地域で本当に頑張って課題解決に向かっている。自分たちもできることはたくさんある」と痛感した。

そして、介護保険請求不備の原因究明や改善の先頭に立って取り組み、建て直しを図っていく。あわせて、「協同労働の協同組合」法制化に向けた墨田区議会での意見書採択運動や、新たなデイサービスづくりに大きく貢献し、二〇一〇年には介護支援専門員（通称ケアマネジャー）に合格した。今後は安定的な収入を得られる事業にも挑戦し、労働条件の改善につなげていきたいと構想する。

◇デイサービス施設の改修

仲間の変化のなかで、大谷さんの事業所運営も変わっていく。たとえば、一人で仕切ってきた団会議は、レジュメ作成、前回会議のまとめ、各部門報告、新しい提案などの役割分担を行い、各リーダーが全組合員の意見を尊重する、新しい運営体制に移行した。事業所の立ち上げ、困難な利用者への対応、保険請求事務など運営体制の改善といったさまざまな課題を組合員と相談しながら乗り越えていくなかで、大谷さんは本当に信頼できる仲間と出会えたのではないかと感じている。

人が人に行うサービスだから、常に何らかの問題はある。大事なのは、「利用者が現在のままでよいのか」と常に問い続けることだ。それが、組合員一人ひとりが主体性を発揮し、高め合う運営につながる。こうした問いかけが功を奏したのが、通所介護施設（デイサービス施設）の改修事業である。

あゆみでは二〇〇三年に通所介護を始めたが、部屋は狭くて古く、風呂もなかった。トイレは和式に簡易の洋式カバーを設置したタイプ。当然、利用者は少ない。大谷さんは現場スタッフに「このままでいいの？」と問い続けていたが、経費をかけて改善しても経営的に成り立つのかという不安があり、決断できないままに時間が過ぎていく。

しかし、利用者の要望は強かった。また、地域コミュニティの核になるたまり場的な機能がほしいという声にも押されて、二〇〇九年にデイサービス施設改修実行委員会をつくる。そして、事業計画と収支計画を組合員みんなで何度も話し合いながら作成。一五〇万円出資し、全国の労協メンバーからも出資をあおぎ、一二〇〇万円かけて改修工事を行った。デイサービスルームは二階まで拡張し（定員一〇名）、昇降機、トイレ、風呂を新設したのだ。

その結果、利用者が大幅に増えた。現在では週五日の開所日が満員だ。とくに、生活保護を受けている一人暮らしの男性の利用者が多い。生活保護の支給金額では風呂付きの住宅に住むのがむずかしいという事情を反映しているのだろう。

このように、自分たちで話し合い、想いを一つにして実現できたことを、みんなが喜んだ。

「自立した経営をやっていくことが不可欠な条件です。それは決して楽ではないが、自分たちで考えて継続できる事業計画が作成できれば、実現に移せるし、新たな雇用の場ができ、働く仲間も増えます」（大谷さん）

◆生活をまるごと支える協同労働

労働組合であれば、要求を経営者から勝ち取ればよい。一方、協同労働では仲間とともに地域にネットワークをつくり、経営していかなければならない。強い団結が、主体的な経営と家族のような仲間・利用者・地域を生み出す。

介護保険制度は、家族による介護が限界に達したなかで「介護の社会化」を掲げて導入された。その理念自体は正しいだろう。高齢になっても、地域が支え、家族のように寄り添ってくれる人たちがいれば、人間らしく尊厳をもって生活できる。二〇二五年には、すべての団塊世代が七五歳以上の後期高齢者になる。ますます、住民同士が顔の見える関係を築き、互助サービスのような活動があふれ、人びとがいきいきと活動するまちづくりが求められるだろう。

あゆみを見ていると、どこまでが仕事で、どこまでがお互い様の活動で、どこまでがボランティアなのか、わからない。でも、二八人の組合員は元気だ。引越しが必要な人がいれば、みんなで場所を探し、周囲の環境や部屋の家具の配置を考える。地元の七福神めぐりを利用者と一緒に行う。地域住民や利用者と夜遅くまで誕生日会などと称し、定期的に交流を深める。単なる利用者ではなく、人間として接するのだ。

当たり前だが、時間から時間まで決められた介護の仕事をするだけでは、本当に親密な関係は生まれない。仕事と生活、仕事と社会連帯活動が密接につながるあゆみのような働き方こそ、人のいのちや生活をまるごと支える福祉分野にふさわしいのではないか。

「夜にさびしく食事し、お風呂に一人で入れない高齢者や障がい者がいる」
「一人で生活するのは厳しいにもかかわらず、巨大な施設に行くことを拒む高齢者や障がい者がいる」

そうした状況が見えてくるなかで、「夜間にもデイサービスを行い、一緒に食事し、お風呂に入れて自宅へ帰すサービスができないか」「アパートを一棟借りて高齢者や障がい者が住み、ヘルパーが見回ることで生活を支えられないだろうか」という新たな提案が浮かんできた。

東京都に問い合わせると、日中のデイサービスを終えた後で、夜間に再度デイサービスを行うことは、介護保険制度上で可能だと言われた。アパートを一棟あゆみに貸してもいいという不動産屋もいる。新たなニーズを担おうとする組織と、協力して応援しようとする地域や行政があれば、かなりの対応ができる。

八百屋、米屋、不動産屋、喫茶店、リサイクルショップ、自治会、民生委員、NPO……。人びとが地域で生活していく重要な社会資源として、一見なんの関係もない店や組織があゆみを通じてつながり、顔の見える関係を創り出している。働く者同士の協同を基盤に、利用者や地域との関係を大事にする協同労働の具体的な姿がここにある。

4 家族のように支えるケアをめざして

現代は無縁社会、個族の時代といわれる。少子高齢化が加速するなかで、家族にだけ老後の介護は求められない。同時に、すべてを介護保険サービスに求めることも困難だ。

人間が最後まで尊厳をもって、自分らしく生きる環境は、どのように創り出せるのか。サービスが多様にあり、自分で選べればよいのか。さまざまな医療・介護情報が詳細に提示され、納得できればよいのか。

どれも必要な要素だろうが、決定的なのは最後まで支え合える存在ではないか。家族のように寄り添い、地域のさまざまな社会資源を結び、顔と顔の見える関係を地域に築くことが何より必要である。利用者を自分の家族のように感じる心と、それを支えるネットワーク。苦労人の集まりであり、協同労働の理念で結ばれたあゆみのようなケアの温かさが、ビジネスとしての介護の傾向が強まるなかだからこそ、広がってほしいと切に思う。

あゆみは二〇一一年、さらなる新しい事業へ挑戦した。二〇〇六年四月の介護保険制度改正により創設された、訪問介護もデイサービスもショートステイも希望すればいつでも利用できる、小規模多機能型居宅介護施設だ(二一四ページ参照)。墨田区内にはまだ四カ所しかない。通所事業と違い、利用者を二四時間三六五日支えるから、宿直や日曜出勤、三食の食事作りなど、いろいろな業務がある。二〇〇九年から始めた失業者を対象とした職業訓練の修了生の進路を確保するという意味でも、大事な取り組みとなる。

「一人じゃ寂しい」とヘルパーにつぶやく、一人暮らしの生活保護受給者が気軽に立ち寄れる場。集まった人がおしゃべりできるコミュニティスペース。最期まで生活でき、看取られる場。それが、あゆみがめざす理想のケアの姿である。

二〇〇九年三月に群馬県渋川市の高齢者施設「静養ホームたまゆら」で起きた火災では、一〇人の入所者が亡くなった。そのうち六人は生活保護を受けた墨田区民である。彼らも本当は、住み慣れた墨田区で暮らし続けたかっただろう。そうした地域密着の支援を行う施設として、あゆみは小規模多機能型居宅介護施設に取り組む。下町の人情が残る地域のよさを活かし、高齢者が孤立したり閉じこもったりすることなく、住民同士の支え合いの活動を生み出す場として構想している。

〔高成田健・松沢常夫〕

現場からの声

生活保護受給者の就労を支援（埼玉県）

県の事業を受託し、大きな成果

ワーカーズコープは二〇一〇年九月から埼玉県の「生活保護受給者チャレンジ支援事業」（通称アスポート事業）のうち「職業訓練支援員事業」を受託し、さいたま市を除く県内全域で実施している（アスポートは、明日を支えるという意味）。国の緊急雇用創出基金事業を活用しているため、事業開始にあたって四〇名（その大半は失業者）を職業訓練支援員として新規採用。他事業所からの異動者一〇名を責任者として配置し、四センター、五〇名体制を構築した。

対象は、埼玉県内で生活保護を受けている就労可能世帯のうち、離職者である五〇歳未満の世帯主二五〇〇人。職業訓練の受講から再就職までマンツーマンで支援した結果、半年間で一九一名が製造業や小売販売業などに就労できたほか、二五〇名を基金訓練などの職業訓練に結びつけることができた。大きな成果をあげたといえるだろう。

生活保護受給者の多くは「国のお世話になり、税金で食べさせてもらって、申し訳ない」と語り、現状を恥じていた。だからこそ、早く働いて自立し、保護から抜け出たいと強く願っている。

しかし、現実には雇用情勢は厳しい。ハローワークでは、求人情報を検索するためのパソコンを使う人びとが常時、長蛇の列をつくっている。一五分使うために二～三時間待ちという状態だ。なんとか求人情報を引き出し、一〇〇社以上に履歴書を送っても、面接にまでこぎつけられるのは一社か二社にすぎない。ホームレス状態を経験したりして履歴書に長期の空白期間がある場合は、さらに厳しい。

生活保護受給者の相談を受ける支援員

アスポート事業の職業訓練支援員は、約一七〇〇人の離職者と出会ってきた。その多くは、いくら求職活動をしても採用されず、「働きたいけれど働けない」状態を経験。「どうせ、自分なんか社会に必要とされないんだ」と諦め、絶望し始めていた。

そうした支援対象者の家に出かけ、現状をていねいに聞き取り、マンツーマンでハローワークや職業訓練校まで同行する。二〇一〇年度のこうした支援は、のべ六〇〇〇回以上にも及ぶ。

私たちの取り組みは、彼らに寄り添い、その想いを受けとめながら伴走し、希望をもって社会に居場所と出番を見つけられるように支援していくことである。自信と意欲を喪失し、ひきこもりがちだった生活保護受給者は、支援員との面談をとおして、しだいに元気を取り戻していった。

〈小澤真〉

3 子育て支援の輪　どこまでも

福岡県大野城市

1 ワーカーズ？　何それ！

◇理解されないワーカーズの原則

福岡市の隣に位置する人口一〇万人弱の大野城市。一〇校ある小学校の施設内か隣接して、学童保育所が一カ所ずつ設置されている。保護者が勤務などの都合により保育できない家庭の一年生から三年生が対象で、授業終了後から午後五時まで開く（延長は一九時まで。春、夏、冬の長期休暇中は八時から）。二〇一〇年度は、約六五〇人の児童を約六〇人の指導員が保育した。

かつては市直営で、嘱託職員が指導員を務めていたが、二〇〇四年度から民間委託され、地元NPOが運営。〇八年度からはNPO法人ワーカーズコープ（以下「ワーカーズ」）が委託を受けた。市には運営団体を変更したい事情があったようだが、指導員や保護者にはまったく予期せぬこと。「なんで！」という思いと、ワーカーズという見知らぬ存在への不信感が広がっていった。ワーカーズの側も、大野城市とは一度訪問しただけという関係。心をこめて企画提案はしたものの、受託できるとは考えてもいなかった。
「委託先に選定」との連絡を受けたワーカーズは、「子どもと親、地域住民がともに育ち・支え合う市民主体の子育てを！」というテーマで、市民に向けた講演会を急きょ開催。指導員の方たちにも、ワーカーズの「七つの原則」(三六〜三九ページ)や、働く者同士が力を合わせ、利用者や地域と協同していこうという「三つの協同」を説明し、学童保育を協同労働で一緒に担おう、と呼びかけていく。

この話を聞き、「面白い働き方だ」と感じた人もいたが、突然の委託先変更に反発していたほとんどの指導員は、「私たちは学童保育の仕事をしたくて入った。七つだの三つだの関係ない！」と、まったく受け付けなかった。それに輪を掛けたのが、ワーカーズで働く場合は最低一口五万円の出資が必要ということだ。一年後、事業所長を務めることになる星平順子さん(一九五六年生まれ)も、「働くのに、なんで五万円出さんといかんのか、全然わからなかった」と言う。

結局、地元NPOからワーカーズに移った指導員は半数強にとどまる。それも、協同労働を理解したからではなく、「学童の仕事を続けることに変わりはないし、任された仕事をきちっとやればいい」(星平さん)という思いだった。

◇仕事だけはちゃんとする学童に

大野城事業所長は高野和子労協センター事業団九州事業本部副本部長(当時)が兼務した。高野さんは、大分県日田市でワーカーズなどが主催したホームヘルパー二級養成講座を受講。センター事業団日田地域福祉事業所「虹の家」の創設(二〇〇一年三月)にかかわった。以来、地域に信頼される事業所を築いてきていたが、学童保育の仕事は初めて。まずは、地元NPOから移ってきた指導員たちの話を聴くことを心がけたという。

「何でも言ってください、そうでないとわからないから」と率直に伝え、常勤・非常勤を問わず、全員が参加して話し合う会議の場も設けた。また、給与検討、企画書作成、フォーラム、大野城まつりの四つの委員会をつくり、全員がどれかに参加するように呼びかける。とりわけ、入所希望の障がい児を全面的に受け入れるようにしたことは大きな転換だった。

しかし、ワーカーズに反発したままの指導員は、「私たちは学童保育をするために残った。ワーカーズなんて関係ない」「仕事おこしなんて簡単にできるわけないじゃない」という発言を会議でも堂々と繰り返した。また、自己流の子育てにこだわる新しい指導員もいて、日々の保育のあり方をめぐる混乱も一部では続く。

やがて一年が過ぎ、ワーカーズとしてのある程度の道筋をつける役目は終わったと考えた高野さんは、次の事業所長として星平さんに白羽の矢を立てる。星平さんが責任者を務めていた学童保育所では落ち着いた運営が行われ、保護者からの信頼も厚かった。指導員からは「管理主義者だ」という批判も出ていたが、誰の話でも客観的に受けとめ、「それはやらなければならないことですから、やりましょう」と、正面から事態に向き合おうとする星平さんの姿勢を信頼したのだ。

頼まれるとイヤとは言えない性分の星平さんは、「とにかく仕事だけはちゃんとする学童にしたい。子どもたちが楽しく遊んで、明日も来ようと思える学童にしたい」と、この依頼を引き受けることにした。協同労働についてはまだよくわからなかったが、「ワーカーズは正しいことを言っている」と感じてはいた。

副所長に就任したのは、高野さんからすると娘のような濵﨑佐和さん（当時は旧姓の角田さん。一九七六年生まれ）だ。私立保育園に六年間勤務していた濵﨑さんは、「このままでは自分自身が成長しない。広く社会を見て、もっと自分を豊かにしないと、子どもたちのためにならない」という思いにかられて退職。ハローワークでワーカーズコープの求人を目にし、「地域に根ざした仕事」という言葉に惹かれて就職した。二〇〇八年三月のことだ。

◆指導員と親の現実にぶつかって

二〇〇九年三月から、星平さんと濵﨑さんは、西鉄春日原《かすがばる》駅近くに借りていたワーカーズの事務所に出勤する。まずぶつかったのは、「事務所（ワーカーズ）対現場」という構図でものを見る指導員たちからの電話だ。すぐに、「事務所がやってくれるんですよね」「人を増やしてほしい」と要求してくる。保育のあり方や運営についても、現場で話し合って解決しようとするのではなく、愚痴を言う。星平さんは、もっと主体的に仕事をすべきだと伝えるとともに、電話の主がいる学童保育所に足を運んだ。すると、こんな姿が目に入ってきた。

〝子どもを見守る〟という言葉どおり、本当に見守っているだけで、子どもに即した言葉かけもない。騒いでいる子どもたちに「静かにしなさい！」と言うだけで、ルールも決めず、子どもたちが棚に乗って遊んでいても放置している。同僚の意見に耳を傾けようとしない……。

当然、保護者からのクレームも多かった。「学童が面白くないと子どもが言っている」「指導員の口のきき方が悪い」「子どもに対して冷たい」。こうした苦情は、保護者から市の子育て支援課に届き、市から星平さんに伝えられた。星平さんは「全部が当たっているわけではなかろう」と思いつつも、クレームの内容を伝えると、「私は悪くない。謝りません」と言う指導員も。

星平さんがもっと深刻に感じたのは、保護者の状態だ。子どもの送り迎えの際に車から絶対に降りない。帽子を目深にかぶって目も合わせない。自分の子どもから触られるのもイヤと言う親もいる。夏休みになると、こんな例も報告された。

コンビニで弁当を買って、一二時半に届けに来るお母さんがいる。いつも顔を子どもの前に突き出し、「食べるの！　食べないの！」しか言わない。そのお母さんがなかなか来ない日があった。勤め先に電話すると、「今日は会社の研修で抜けられません。食べさせなくていいです」という返事（お父さんに連絡がつき、後から食べさせることができた）。また、欠席の連絡がないため、家に「今日はお休みですか」と電話すると、「学童に行く行かないは勝手でしょ！」とキレた感じで対応される。「お子さんの体調がよくないので、お迎え、早めに来られませんか」と促しても、保護者はなかなか来られない。

失業や勤務時間短縮で保護者が在宅になったからと、学童保育所を退所せざるをえなくなる子どもも増えてきた。子どもたちを支えるためには、子どもを相手にしているだけではダメだ。保護者の相談にのり、保護者を支え、地域と結びつかなければならない。星平さんたちはそう考えるようになっていった。

◇傍観から参加へ

星平さんと濵﨑さんは、三カ月に一回程度開かれる労協センター事業団全国事業所長会議や九州事業本部の集まりに参加するたびに、もう一つ大きな課題に直面していた。「所長の役割とは」と問われ、「仕事をおこそう」という提起が「降ってくる」（星平さん）のだ。

自分たちが仕事をおこす、などとは考えてもいなかったが、「子どもたちのために、何かできることはないか」が常に頭にあった二人は、学童保育の仕事に関わるなかで、何が足りないか、何が必要なのかが見えてきていた。保護者の相談にのるとともに、指導員の力量を高めていくことを国や自治体の制度や資金を利用した仕事としてできないものか。二人は企画書を作成し、夏休みが終わるころから市の子育て支援課に通いだす。

一方で星平さんは、「このままでは私が辛くなる」という思いを深めていた。新たな仕事おこしを濵﨑さんと二人だけでやるのでは、みんなとますます遊離してしまう。みんなで仕事おこしに取り組まなければ意味がない。方針の提起と現場がつながっていなければ自分のなかで分裂が起き、辛くなる。

「〝事務所がやれ〟〝誰かがやってくれて当たり前〟という指導員では、子どもに悲劇。子どもにとっては、目の前のあなたが大事なんだから。すべてに主体性をもってほしい！」

七月の大野城事業所会議（当時は三ブロックに分けた事業所会議を毎月、全指導員の会議を学期ごとに開いた）では、提案文書に「いまだにある『学童の指導だけしていればいいのだ』の意識の打破をはかりたい。自分たちは、ワーカーズ大野城事業所の組合員であり、全国の仲間と協同しているのだという自覚を持つようにしていきたい」と書き、行を変え、大きな文字でこう呼びかけた。

「傍観から参加へ」

2 労協宣言

◇「知りません、わかりません」は、なしに

「なんだ、ここにすべてが書いてあるじゃないか！」

九月の全国事業所長会議で、「七つの原則」の読み合わせをしていたとき、星平さんは目が覚める思いがした。

「協同労働を通じて『よい仕事』を実現します」「すべての人びとが協同し、共に生きる『新しい福祉社会』を築きます」などの「使命」に続き、詳しく示された運営原則の一項、一項が、読み進むごとに、ずんずんと身体の中に入ってくるのだ。

「ちゃんと仕事をしなさいっていうことも書いてあるし、仲間と仲良くしなさいってあるし、建設的で前向きな意見を言うようにするんですよ、というようなことも書いてある」

ワーカーズで働く場合、こうした「原則」などの説明を受け、「内容を理解した」という書面に署名・捺印した「承諾書」を提出する。星平さんも出したし、原則の読み合わせも会議で経験していたが、右の耳から左の耳へと抜けていた。だが、今回は違ったのだ。

その直後の大野城事業所会議で星平さんはこの原則を読みあげ、みんなに強く求めた。

「あなたたちは、七つの原則に則ってワーカーズの組合員としてきちんと仕事をする、ということを最初に承諾してますよね。承諾したからには、『知りません、わかりません』は、なしにしましょうよ。今日から私も変わる。みなさんも変わってください。これからは、ワーカーズ、労協の現場としてやっていきます。本当に子どもを受けとめ、よい仕事をやっていこうと思ったら、自ずと三つの協同の視点が必要です。私は、七つの原則、三つの協同は間違いない、人間として当たり前のことだと思う。まずやってみて、違ったら言ってください。あなたのワーカーズですよね、あなたも同じ仲間じゃないですか。一緒にやっていきましょうよ」

星平さん自身が、やってみて、実感して、言葉にしたワーカーズへの確信だからでもあろう。それは、「ものすごい迫力、剣幕で、全体がシーンと静まりかえった」(平本哲男九州事業本部長)という。

◆娘が身をもって教えてくれた

星平さんは、大学を出てから三年間、全校児童八人という小学校の教員を務め、結婚退職。子どもが一人立ちした後は受験産業で働いた。高校を訪問し、模擬試験の商品を売る。営業成績はよかったという。

そのころ、二〇〇倍という難関を突破して高校卒で国家公務員の仕事に就き、東京に出た長女が、うつ状態になる。職場に行けなくなり、「私が壊れていく」と苦しさを訴えてきた。

「やがて娘は回復しましたけど、あのときが私の一つの転換期でした。それまでの私は、市場経済至上主義、競争社会のなかで何も考えず、〝もっと勉強しなさい〟と子どものお尻をたたき、〝こうあるべきだ〟とずっと言ってきたんです。自己中心的で、人に対して自分を押しつけてきた。でも、〝丸ごと私を受けとめて〟と娘が私に訴えてくれたのでは」

この体験がなければ、ワーカーズに出会い、協同労働という働き方を知ったとしても、引きこもりとか、つまずいたとか聞けば、「努力が足りないんじゃないの!」と切り捨てる人間になっていたのではないか。この体験があるからこそ、「みんなのなかには、協同労働への共感、人のために少しでも役に立ちたいという思いが本来あるはずだ。それを表に引き出すことが自分の役割だ」と考えることができたのだろう。星平さんはそう振り返る。

この会議後は、毎月の事業所会議や月間報告書などでも、「よい仕事」「利用者との協同」「地域との協同」「仲間との協同」という項目を立て、その視点で特徴的な出来事を各現場から報告してもらうようにした。すると、「なんか知らんけど、ワーカーズはイヤだ」という感情論での批判がなくなっていく。「自分たちがふだんやっている地域との交流会が三つの協同なんだ。協同労働ってそんなにむずかしいことじゃないんだ」という反応も出るようになった。

こんな変化を生み出す転機となった事業所会議の日を、星平さんは大野城事業所の「労協宣言の日」と名付けた。

3 怒濤の攻め

〝怒濤の攻め〟――「労協宣言の日」以降の取り組みを、星平さんはこう自賛する。日々の学童保育業務にとどまらず、子育て相談という仕事をおこし、地域懇談会を開き、自主学習会を国の制度を活用して開いた。さらに、「よい仕事研究交流集会」の開催、「基金訓練」(四九ページ参照)からの仕事おこし、と一気に取り組み始めたのだ。

◇市の知恵で実現した子育て相談業務

子育て相談業務を企画したのは、保護者に「学童に行く行かないは勝手でしょ！」と言われたという報告を聞き、こう思ったからだ。

「こういうお母さんには友達もいないんだな。誰か一人でも怒りの受け手がいれば、その人に話すことで緩和されるけど、自分だけでかかえこんでいると、あふれ出るんだな」

子育て相談は二〇〇九年一〇月から半年間行った。各コミュニティセンターでは一八時〜二〇時、学童保育所では延長保育の時間である一七時〜一九時、いずれも月二回だ。相談員は、大野城事業所の学習会で「人の話を聴くということ」という講義をしてもらった先生などに依頼した。この相談業務は当初、厚生労働省の「ふるさと雇用再生特別基金事業」を活用する企画として大野城市の子育て支援課に提案したものだ。その事業の予算はすでになかったが、保護者の精神的な不安定さを感じ、なんとかしたいと苦労していた同課がいろいろ調べ、「緊急雇用対策の地域子育て創生基金事業なら」ということで実現した。

◇ショックを受けた地域懇談会

保護者や地域の状況がさらに深くわかり、子どもたちを見る指導員の視野が一気に広がる契機となったのが、地域懇談会だ。一一月から八つの学童保育所で連続開催した。星平さんが所長になって三カ月目の六月に開かれた労協センター事業団第二四回総代会の議案提起で、「今の困難を本当に地域で支え合う拠点となる地域福祉事業所をつくりあげよう。そこに向かううえで、地域の現実、困難を共有し、連帯と仕事おこしを呼びかける地域懇談会を無数に開こう」と呼びかけられたのが、開催のきっかけである。

会議で提案すると、「どうして学童の指導員が地域の懇談会を開かないといけないんですか？現場は忙しいのにどういう意味があるんですか？」という質問も出たが、「私たちは協同労働の協同組合で、七つの原則にも、地域が求めるものをつかむようにと書いてあるでしょ」と言い切ると、「どうやったらいいんですか」という問いに変わっていった。

一回目の懇談会では、シングルマザーの保護者が一番苦しかった時期のことを打ち明けた。

「一生懸命子育てをしていましたが、相談するところもなく、一番煮詰まったときは、人と会いたくなくて外部との接触を避けました。追い込まれると、手を貸してくださいと言う気力も萎えて、引きこもってしまう。気力が枯れ果ててしまうんです。いまは気持ち的に楽になったけど、ほんとに苦しかった」

孤立して一番苦しんでいる人には支援の施策が届かない、ということはよく指摘されているが、彼女の子どもが通う学童保育所の指導員たちはこの話に大きなショックを受けた。

「あの子のお母さんがそんなに苦しんでいるなんて、まったく知らなかった」

濵﨑さんも、「そこまで追い込まれる前に、気軽に行ける場、気軽に話せるネットワークが絶対に必要だ」と痛感したという。

地域懇談会は、平日の一九時からにもかかわらず、どこの会場でも主催メンバーの他に二〇人前後が参加した。各学童保育所の指導員が「子どもたちを見守るネットワークをより強いものにしませんか」と呼びかける「ご案内」チラシを持って、学校長、地区の区長、民生委員、子ども会役員、保護者などを訪ね歩いた成果だ。懇談会では、一カ月六五〇〇円という学童保育の費用が払えない家庭、親が深夜まで仕事をして子どもは毎朝学校に遅刻する家庭などの問題が浮き彫りにされるとともに、前向きな申し出もあった。

「公民館を居場所として開放しているので、利用してほしい」(公民館長)

「学童の子どもの帰宅時間に合わせて、まわるようにしたい」(夕方のパトロールボランティア)

そして、感想文には「私たちの知らないところで地域の方が子どもたちをしっかり見守ってくださり、子どもたちの安全や成長を真剣に考えてくださっていることに感激しました」(指導員)、「地域の方々とふれあう時間がなく、今回初めて多くの方に囲まれていることを実感しました」(保護者)などの声が寄せられた。

◆自主学習会から「もう一回チャンスを」

一〇月からはほぼ毎週、午前一〇時からの二時間、指導員を対象に一五回にわたる自主学習会も、やはり緊急雇用対策事業の「障害児預り事業」を活用して開いた。「大きく変動する社会で子どもたちもさまざまなニーズをもっている。とくに、障がいや情緒不安定などの問題をかかえた子どもたちは、集団で保育していくことがむずかしい場合が多い。子どもや背景にある家族、環境への理解を深め、関わりのスキルを身につけていく」のが目的だ。

受講料は無料としたが、時給は出ない。星平さんたちは、数人来ればよしとしようと話していたが、毎回二〇人以上が参加した。講師を引き受けてくれた児童福祉分野の専門家である山口祐二さんが、状況をつかむためと言って、事前に全部の学童保育所をまわってくれたことも大きかった。学習会では子どもの悩みや保護者の状態を出し合い、もっといい方法があったのではと保育のあり方を振り返る時間ももった。そこからは、感動的なエピソードも生まれる。

子どもに対して、「なんで、できんとね！」と毎日言い、保護者にも「またできんかったですよ」と告げる指導員がいた。〝私がこの子をなんとかしちゃらんといかん〟という思いからなのだ。しかし、叱られるばかりの子どもは学童がイヤになり、やめることになった。山口さんはこうアドバイスした。

「できない子どもには、できない理由があります。子どもには『ちゃんとしなさい』ではなく、『なんで、できんとぉ？』『できるようになるには、どうしたらいいとぉ？　先生に言うてみらんね』と、寄り添わなければいけないんですよ」

この話を聞いた指導員は保護者にお願いした。

「やめないでください。もう一回チャンスをください。私たちとお母さんと、お子さんも入れて話しましょう。学童でどんなふうに過ごしたらいいかを」

9月に行われたよい仕事研究交流集会では昔遊びを紹介した現場も

この子どもは学童を続けることになった。

◇無関心な親と思っていたが

明けて二〇一〇年一月には「よい仕事研究交流集会」を開いた。ワーカーズ本部が毎年開く「全国よい仕事研究交流集会」への出場現場を選ぶ予選でもあったが、一〇の学童保育所すべてからほとんどの指導員が参加し、自主学習会の成果を確認し合う場ともなる。「発表し合うことが楽しい」「次はプレゼンをもっと工夫したい」という声が出たほどだ。

同年九月に開かれた二回目のよい仕事研究交流集会は筆者も傍聴したが、七分という短い時間に、各学童とも数人が、昔遊びの実演などのパフォーマンスも取り入れ、焦点をしぼった報告をした。「三つの協同を力に、利用者、家族、地域とともにつくるよい仕事の到達点と課題」という全国統一仕様でのレポートが添えられ、四分の質疑応答時間に山口さんらのコメントもあり、課題が鮮明にされていく。

もっとも胸を打たれたのは、子どもたちと話すなかで保護者の現実を知り、保護者に対して否定的な見方をしていたことを反省した、という横井奈津美さん（一九八八年生まれ）の話だ。横井さんが四月から働き始めた学童保育所では、二年生と三年生の保護者が学童に関わりたくない感じで、連絡帳に何を書いても反応がない。無関心な親だなと思っていたが、三年生は三分の二が父子・母子家庭。「お母さん（お父さん）はいつ帰ってくるの？」と聞くと、「帰ってくるのは夜九時。それまでおばちゃんの家にいる」「一人でおうちにいる」「ご飯は夜一〇時」というような返事だった。

「ものすごく忙しくて、子どもとふれあう機会もないのです。そこをわかって保護者に働きかけていくと、『いつもありがとうございます。自分の仕事で精一杯で、宿題も全然見てやれません。子どもにいろいろ話をしてくれるだけでも本当に助かっています』というような言葉が返ってくるようになり、まったく顔を見せなかった保護者が『うちの子、どうですか』と聞きにこられるようになりました」

◆障がい児を全面的に受け入れて

発表されたテーマでもっとも多かったのは、障がい児の発達に関するもので、半数の五カ所。

これには、ワーカーズが受託してから障がい児を全面的に受け入れてきたという背景がある。

〝エ～ッ、どうすればいいの〟から出発して、「何かあるたびに指導員みんなで話し合い、苦労や問題点を共有でき、協同労働で信頼が深まった」「一番の先生は学童の子どもたちでした」とまとめた指導員は、次のような事例を報告した。

「一年生に障がいのある子が二人入所。甲状腺機能低下症などで足腰が弱く、『他の子どもとちょっとぶつかっただけで転倒する』と保護者から聞かされていた子どもが、みんなと一緒に遊ぶなかで走れるようになりました。また、夏休みの昼寝の時間、指導員が何を言おうが絶対に寝なかった自閉・精神遅滞の子どもが、一緒に遊ぶ三年生に言われるとパタンと寝たんです」

「ダウン症で難聴の児童との関わり」をテーマにした発表者は、指導員が手話教室に行き、それをみんなで覚え、「おいしいね」「ありがとう」などのカードを作り、子どもたちみんなが語りかけるなかで、学童の雰囲気も温かくなったと報告した。この一郎くん(仮名)は、落ち着きがなくなると、叩く、蹴る、髪を引っ張る、物を投げるなどの行動をとることもあるが、半分の子どもが一緒に宿題をし、おやつを食べ、遊ぶ係を自分から希望して経験したという。

星平さんは、発表に立ったメンバーに、通常の会議ではあまり発言しない指導員がかなりいたことに注目する。

「障がいのある子どもを保育するのは本当に大変だけど、仕事を極めるとか、仕事を掘り下げるとかするなかで、みんなに聞いてほしいという思いが出てくるのでは」

そして、以前に委託を受けていた地元NPOとの大きな違いを指摘した。

「そのNPOの理事は、障がいをもった子どもさんはなるべく預からないようにしたいと話していました。指導員の先生にはあまりいい条件でなく働いてもらっているから、これ以上負担をかけるのはしのびない、と。私たち指導員も、私たちのことを考えてくれてるんだなと思っていました。でも、ワーカーズでは、そんなこと言ってる人がいたら怒りまくりますよね。〝誰が学童の主役なのか！　指導員なのか、そこにいる子どもなのか！〟って」

◆子どもとつながるすべてを支援

二〇一〇年七月には、基金訓練の社会的事業者等訓練コース「地域子育てマネージメント科」を開講した。ワーカーズが全国的に取り組んでいる事業で、修了生らと居場所づくりをめざそうという構想だ。濵﨑さんはこの講座を準備するにあたって、「大野城事業所・居場所づくりへの道～本物の子育て支援を目指して」というタイトルのニュースを発行。その第一号（二〇一〇年三月発行）にこう書いた。

「学童の運営では、社会に疲れきって、外部との接触を避けたがる保護者や、毎日イライラして精神的に落ち着かない保護者に出会い、地域懇談会では、子育てや生活に行き詰ったシングルマザーの話や、地域社会の分断を感じました。子育て相談では、誰かに話を聞いてもらうだけで、次の日も頑張れるという保護者や指導員の様子も見てきました。週一回の自主学習会で、そうした現状を分析し、学ぶ中で、子どもとつながるすべてのものを支援することが本物の子育て支援だと感じました」

そして、その「すべてのもの」には、「保護者、地域」はもちろん、「子どもの成長や行く末」も入ること、その支援とは、「安心して子育てができる暮らしを保障し」「子どもの成長や行く末までを見守ってくれるような地域をつくる」ことだと続けた。

濵﨑さんは、小学校一年生の夏休みを母の実家がある町の公民館で過ごしたことがある。知らない小学生から高校生までと一緒に遊び、宿題をした。とても楽しい思い出として残っているという。それだけに、「地域丸ごとで安心できるまちをつくりたい。子どもたちがおとなになったとき、〝自分もこういうことをしてもらったんだな〟と思える、よい循環をつくっていきたい」という言葉には実感がこもっている。

「子どもとつながるすべてのものを支援する」と書いた思いを改めて聞いてみた。

「人もつながっているし、時間もつながっている。支援っていうのはずっとつながっていく。特別なことじゃないんです」

「七つの原則、三つの協同に則ってきちんとやっていこう」という労協宣言がワーカーズとしての出発点だったとすれば、子どもたちや保護者の現在と未来をつないで地域のネットワークを広げていく「子どもとつながるすべてのものを支援する」という決意は、協同労働による

「子育て支援のよい仕事宣言」ともいえるだろう。

◇主体性・当事者性を貫いて

こうしたなかで、ワーカーズらしいモデル的な学童保育所も生まれてきた。川本美紀子さん（一九五二年生まれ）ら三人の指導員が働く学童保育所は、その一つだ。川本さんは、ワーカーズの説明を聞いたとき、「新鮮で面白い、自分でも何かやれそうだ」と直感したと言うが、思う存分にやれるようになったのが「一緒に考える」ことだ。

ある土曜日の朝の会で、「今日の流れ」を話しているとき、「先生、人は何のために生まれてきたのですか?」と、三年生の男の子が聞いてきた。子どもは突然ひらめく存在、「いまその話をしてる時間ではないやろ」と言ってしまえば、せっかくの芽がつぶれる。そう考えた川本さんは、この問いをその場でみんなに投げかけた。

「お金もうけするため」

「おいしいもの食べるため」

「がんばるため」

思い思いの答えが返ってきた。幼いころ同じ質問をお母さんにしたという川本さんの答えはこうだ。

「先生は長く生きてきて、わかったことがあるよ。人を幸せにするためじゃないかな」

子どもたちは「正解」を求めているのではない。一緒に話し合い、考える過程で、それなりに納得するし、自分が尊重されていることを実感するのだと川本さんは言う。

「子どもたちは、私がちょっと言ったことからも世界をすごく広げて、逆に投げかけてくる。だから、私はもっと考えていかないかん。人と人はそういう間柄でいたいなと思うんです」

働く者同士の関係でも、「〝それは必要ないことです〟とか、誰かにスパンッと切られることがなく、やりとりができる点がいい」と、一緒に働く指導員たちは言う。

川本さんたちの仕事の最大の特長は、子どもの成長・発達に責任をもつ主体性・当事者性だろう。

別の三年生徹くん(仮名)は母子家庭の一人っ子。落ち着きがなく、突然わけもなく友だちを蹴ったり殴ったりしていた。話を聞こうとしても、ふてくされ、ときには学童を飛び出す。そんな徹くんの母親から退所の申し出があった。家でゲームをしていたいと言い始め、暴力まで振るう徹くんに、言われるままに。退所してくれれば、学童は平穏になる。しかし、それでいいのか。

徹くんは一年生のときから、自分の気持ちをうまく伝えられない子どもだった。川本さんたちは、折り紙で動物を作らせ、その動物になった気持ちで、みんなの前で「お話」をする機会を設けるなど、自己表現ができるようにしてきた。けんかをして泣いていると、「そうされてどう思った?」と、気持ちを引き出す。「イヤな気持ちになった」と返ってくれば、「その気持ちを相手に伝えてみて」「相手の気持ちも聞いてみて」「それを聞いてどう思った」と、自分の気持ちを見つめさせ、相手と話す機会を広げていった。

徹くんには、喜びを共有し、悲しみを乗り越える力を身につける仲間との関わりこそ必要だ。いま学童をやめてしまったら、その力を身につけられなくなる。

しばらく欠席していた徹くんが登所してきたとき、川本さんは話した。

「徹くんを慕うとる下級生が毎日待っとっとよ。これからも三年生として学童を引っ張ってほしい。お父さんの分までがんばっているお母さんを助けてあげて。何よりこの学童にはあんたが必要やとよ」

こうして徹くんは学童を続けることになった。

父のいない現実をどう乗り越えていくかは今後の徹くん自身の問題だが、いまの徹くんを支えるのは、いま出会っているおとなの役割だと、川本さんは断言する。この過程で、担任の先生も徹くんに「困ったときはいつでも話を聞くよ」と言うようになり、お母さんも徹くんに毅然と対応するようになってきたという。当事者性を貫いた働き方が、まわりのおとなたちの生き方にも大きな影響を与えているのだ。

4 自前の事業をつくる

◇〝実績は関係ない〟でいいのか

こうした実践を重ねてきたにもかかわらず、ワーカーズは二〇一一年四月からの委託契約（今度は五年間）を結ぶことはできなかった。

二〇一〇年一〇月一五日、濵﨑さんは選考結果の発表時間ピッタリにパソコンを開く。不安がまったくないわけではなかったが、大野城市の担当課の姿勢からしても継続は間違いないと思っていた。ところが、画面に映し出されたのは信じられない現実。パソコンが狂っているのではと、もう一台のパソコンも開いたものの、結果が変わるはずもない。

「みんな、自己変革もとげながら、必死に子どもたちのことを思い、向き合ってきた。この努力をなんだと思っているのか。この子育て支援事業の価値を、こんな形で踏みにじられてたまるものか」

なぜ選考されなかったのかという問い合わせに、市は「実績は評価に入れていない。企画書の点数で地元ＮＰＯが上回った」と答えたという。担当課の意見も考慮されなかったようだ。

こうした問題は各地で起こり始めており、公共のあり方をめぐる全国共通の大きなテーマとして、ワーカーズ全体でも取り上げられた。労協センター事業団の田中羊子専務は憤りを隠さず、あるべき姿を問う。

「私たちは、市民が主体となり、もっと豊かな公共を生み出していこうと企画書に書き、プレゼンに臨み、それが採用されたが故に、それは行政とも共通の評価基準であると思ってきました。ところが、〝実績は関係ない〟と言う。では、何のため、どんな効果を期待した民営化なのか。実際にどういう成果があったのかをふまえて、次のクールの政策目標を定め、委託先を選定すべきではないのでしょうか。利用者、当事者の声と評価が全面的に反映される公共のあり方を、市民が立ち上がってつくりださねばなりません」

星平さんたちは、自分たちに何が足りなかったのかという点からも、総括を深めていく。

「私たちは、自分たち指導員の都合ばかり考えていたところから、学童の中心である子どもたちに目を向けるようになり、子どもたちを取り巻く地域の課題や問題にも関わるようになっていったが、まだまだ内に籠っていた部分もあった。よい仕事をしていても、協同労働だから、ワーカーズだからこそ、という点については、保護者や地域に対する発信が足りなかったし、委託事業の枠から出ようとしなかったのではないか」

東京都墨田区や八王子市などでは児童館や学童保育所の運営をワーカーズで継続してほしいと、保護者や地域住民が署名運動までした。だが、大野城市では、学童の運営団体がどこになろうと、その指導員が学童に残ってくれるかどうかが保護者の関心事というところにとどまっていた面がある。地域懇談会は開いたが、そこから見えてきた地域のニーズに応える仕事おこしを地域の人びとと一緒に行うところにまでは進んでいなかった。この総括に立って、ワーカーズ大野城事業所は新たな歩みを始める。

◆元組合員が出資金を協力債に

学童保育の委託業務が終わることになっても、そのなかから見えてきた課題は何ら解決していない。とくに、障がい児の親と指導員と「なんとかしたいね」と話し合ってきたのは、障がいのある子どもたちの居場所づくりだ。

そこで、星平さんたちは、児童デイサービス（障害者自立支援法に基づく、一八歳未満の障がい児を対象とする支援事業）を行う「ほっと」の設立を急いだ。ここを核に、総合的な子育て支援の拠点ともなる地域住民の「いこいのスペース」をつくっていく構想も掲げた。そして二〇一〇年一一月から、障がいのある子に関わる方々のパネルディスカッションや「地域で居場所を考える会」などを次々に開催していく。基金訓練受講生も積極的に手伝った。

児童デイサービスの諸手続きには苦労したものの、その他の準備は「意外とスムーズに」（星平さん）進んだ。場所探しも順調で、目的を理解した大家さんから、二階建てで広い庭もある民家を安く借りられた。濵﨑さんたちが近所にあいさつにまわると、全般的には子どもの声が聞こえるのは元気が出ていいと受けとめてもらえたという。

一方で、「知的障害をもっている子が家に忍び込んできたりしたら、私たちは年をとっているから対処できない。子どもたちが外に飛び出さないようにしてほしい」という声も聞かれた。たしかに高齢化が進み、一人暮らしの老人が多くなっている。その不安や心配事に応える場としても、ほっとが拠点になるようにしていきたい。星平さんたちは、さらに意欲を燃やす。

地域懇談会を開くと、約二〇人が集まった。障がいのある子どもをもつ保護者も六人が参加し、次々に実情を訴えた。

「買い物に行くとジロジロ見られ、避けられる」

「公園で『一緒に遊ぼう』と他の子どもに寄っていくと、『また今度ね』と、親が子どもを引き離す」

「急な発熱で近くの個人病院に行くと、関わりたくないという感じで、ろくに診察もせずに薬だけ出される」

「家族からさえ、自分とは関係ない子、という態度をとられる」

「どこにも子どもの受け入れ先がなく、行き場がない……」

保護者同士で涙するお母さんの背中をさすり、「大丈夫よ、私もそうだったから」と寄り添い、地域の方たちも「私たちに何ができるか言ってほしい」と申し出てくれた。

もう一つの大きな課題は資金。ここで力を発揮したのが、学童保育の仕事で心を通わせた仲間たちだった。ワーカーズを脱退する場合、出資金は返還されるが、学童保育の仕事を続けたいと四月から地元NPOに移った人たちも含めて二六人が出資金の一部を協力債にまわす（一

約 60 人が集まった「ほっと」の開所式。最後まで残った人たちでパチリ

人一万〜二〇万円）という形で支援してくれたのだ。

◆「私がすごい」のではない

二〇一一年六月一九日、定員一〇人と小規模だが、大野城市で初めての児童デイサービスほっとの開所式が開かれた。大野城市の市会議員も約半数の九人が出席。利用者の切実な思いと期待の声が胸を打つ。委託ではなく、自前の事業。協同労働を明確にした出発を象徴するかのように、「協同労働の協同組合七つの原則」が染め抜かれた手ぬぐいが記念品として配られた。

それから約一カ月。ほっとでは濵﨑さんが責任者となり、協同労働の新しい質が生まれつつある。夏休みに入るとすぐ、登録者は定員の二倍の二〇人に達し、利用日数を制限したり、利用を断らなければならない状況になってきた。これに対して、「なんとかしてほしい」「どうして入れないのか」と迫っていた利用者たちが、第二・第三の児童デイサービス開設に向かい始めたのだ。

そのうち二人はワーカーズの組合員となり、ほっとで働くようになった。地域での懇談会や説明会も障がいのある子どもの親が呼びかけ、司会などの運営を行い、星平さんと濵﨑さんはほっとの様子や思いを語ればよい。こうした状況が生まれたのは、濵﨑さんの働きかけによるところが大きい。

ほっとを訪ねてくる利用希望者は、ここが行政ではなく、ワーカーズという協同労働の協同組合が設立した施設であり、学童保育の仕事をしていた元組合員たちも出資したと聞いて、一様に驚嘆する。

「すごいですねえ！　自分たちでお金を出し合って、こういう施設をつくるなんて」

すると、濵﨑さんは言う。

「それは違います。あなたがすごい、私がすごい、とかではなく、そういう力を引き出してくれる協同労働という働き方がすごいんです。お母さんたちも主体者になって仕事をおこしていける可能性があるんです。自分たちで仕事をつくりだすシステムがあるのです。そこに着目してほしいんです」

子どもたちのために、あれもしたい、これもやらねばと考えても、要求するだけ、不満を言うだけのときは、自分も苦しかった。協同労働に出会って、必要なものは仲間と一緒につくっていけるんだと知った。お母さんたちはそれを知らないから、「どうしてやってくれないの」と不満だけ。それは辛いだろう。そう思うから、濵﨑さんは一生懸命に伝える。

「協同労働という働き方なら、自分たちで仕事を立ち上げられるのですよ」

自分自身も三年前にワーカーズに入ったときは、仕事おこしをするなんて思ってもいなかった。逆にいえば、自分のように変わる人を増やせばいい。だから、自分が感じたことや学んだことをたっぷり二時間話す。そして、「あなたの願いをあきらめることはない。さまざまな社会的抑圧をはねのけていく仲間がいる、地域の力がある」、と伝え、最後にこう訴える。

「ここにも来られずに、孤立し、苦しんでいる親子がいっぱいいると思います。そういう人も引っ張ってきて、第二・第三の児童デイをつくりましょう。その子が大きくなったときの働く場も、一緒につくりましょうよ」

◇やりとりして、納得して働きたい

一方、地元NPOに運営が移って、学童保育所はどうなったか。

二〇一一年三月末、学童に入所を希望する障がいの重い子をどうするか、大野城市と地元NPOが協議する場があった。結論は「受け入れ困難」。要するに、「断る」というのだ。

市の要請で同席した星平さんは、ワーカーズなら間違いなく受け入れたのにという悔しさを押し殺して聞いていた。だが、地元NPOの担当者が雑談の中で口にした言葉に、「なんだよ、それ！」と、腹の中の虫が騒いだ。それは、「あの子のためにも学童の環境は適切ではないですよね、あの子のためですよね」という言葉である。星平さんはその場を振り返って、こう憤る。

「たしかに、障がいの程度は重い。学童の施設面でも、指導員の知識やスキルの面でも、受け入れはむずかしい。でも、人間はいろんな人に出会って、成長に彩りが加わる。そのチャンスが彼には与えられなくていいのか。受け入れられない場合でも、じゃあどうすればいいのか、代わりの受け皿を一緒に考えましょう、と言うのがしかるべきではないのか」

星平さんは一呼吸おいて、こう付け加えた。

「いままでの自分を見るようでした」

同じころにワーカーズ大野城事業所が開いた「三年間を振り返る」つどいでは、多くの指導員が、自由に発言でき、自分たちの主体性が守られた喜びを語った。

「それは、仕事に責任をもてるようにしたい、私たちは駒じゃない、という思いですよね。雇われている以上、雇う人の意思を越えてまで面倒なことをしようとはまず思わない。言われたことをやっていれば楽。だけど、責任をもち合うし、真剣に意見をたたかわせる、ということを経験したとたんに、みんな、そっちのほうが楽しいと感じたんです」

星平さんのこの指摘を、開所式に参加した多くの元ワーカーズ組合員の話が裏付けている。パート（ワーカーズでは非常勤と呼称）として働く指導員の一人は、会議が主任だけに限られ、自分たちは参加できなくなったことについてこう話した。

「あれやれ、これやれ、と要求はされるけど、意見を言う場がないから、みんな不満に思っています。会議に出たからって、別に文句を言いたいんじゃないんです。意見を言って、みんなとやりとりして、ここに落ち着いたね、じゃ、それでがんばろうと、納得して働きたいだけなのに」

このパートの指導員は、地元NPOの担当者に「ワーカーズのときはみんな一緒に会議をしていましたよ」と伝えたが、「いままでの働き方は忘れてください」と切り捨てられてしまったそうだ。

主任の立場にいる指導員も、ワーカーズのときは一〇カ所の学童保育所全部を見られたのに、いまは自分のところしか見られなくなってしまい、視野を広げられない、と残念がる。

5 人を敬う労働

◆楽しく、貴重で、やめられない

「協同労働？ 何それ！」から始まって三年余。九州事業本部筑紫《ちくし》エリアマネージャーとなった星平さんはいま、協同労働をどういうものと捉えているのだろうか。

「協同労働を一言でいうと？」と聞くと、「う～ん」としばらく考えての答えは、「人を敬う労働」。そして、この働き方が、自分中心の考え方を変え、人の痛みに思いをいたす社会、誰もが安心して年をとっていける社会に進む原動力になるのでは、と展望する。

地元NPOに移った川本さんからも、まったく同じ答えが返ってきた。

「人を人として尊重する労働だと思います。雇用労働が大事にするのは人より企業、儲け。だけど、協同労働は人が大事じゃないですか」

子どもたちを相手に、いまも協同労働の精神で働く毎日は、楽しく、貴重で、やめられないと言う。

「私は、何もできないし、取り柄もないしと思ってたんです。でも、誰でもキラッとしたものがある。それをワーカーズはうまく引っ張り上げてくれた。人を尊重する協同労働だから、自由にものが言えて、人の気持ちを受けとめ、認め合い、お互いのよいところを引き出し合える。ありのままでいいやん、あなたのもってるものを発揮して自分を輝かせればいいやん。そう思って、子どもたちの考えをどんどん引き出し、伸ばしていける。ワーカーズで三年間働いて、初めて開眼させてもらった気がします」

川本さんも、東日本大震災を経た日本社会全体に思いを馳せる。

「大震災で、一番大事なものは何かということが日本人のなかでわかってきた、目覚めてきたんじゃなかろうかと思うんですよ。いままでは、企業とか仕事とかというのは営利主義、お金だったけど、そうじゃない。人として何が大切か。本質的なことは、人のつながり、支え合い、関わり合いだよねって。働きがいとか、やりがいとか、そういうところに人がちょっとずつ目覚めてきている。それが協同労働の働き方にも通じてるように思うんですよ」

◆新しい時代を切り開いて

埼玉県川越市に帯津《おびつ》三敬《さんけい》病院がある。「一は二を生じ、二は三を生じ、三は万物を生じる」という老子の言葉から、「患者さんや家族を敬い、看護師を敬い、すべての人を敬う」という思いをこめたと、帯津良一医師からうかがったことがある。ワーカーズ大野城事業所の組合員たちは、自分たちの実践のなかから「お互いに敬う労働」という定義を生み出した。

人間の尊厳性に一番の重きをおき、人と地域に必要な仕事を自分たちでおこし、根本的解決への展望を地域社会のなかで一緒になってつくりだす協同労働という働き方、生き方。それはいま、人間発達と社会連帯を中心にすえた、新しい時代を創造する力となりつつある。

二カ所目の児童デイサービス開設に動き出した大野城事業所。もちろん困難もある。まず資金の問題だ。今度は、保護者や地域にも大きく呼びかけなければ厳しいだろう。障がい児をもつ親同士の関係性も、大きな問題になるかもしれない。二カ所目ができてもまだ足りず、「私はこんなにがんばったのに、なぜうちの子が入れないのか」という争いになるかもしれない。

濱﨑さんは子どもを産みたいし、家庭とワーカーズの活動をどう両立させるか考えている。たとえ子育てで働ける時間が減っても、協同労働を推し進める立場でありたいし、これから子どもを産み、育てる仲間が仕事を続けられるように、働く仲間と協同できる関係づくりを進めていきたい、と。

三年間ともに歩んだ学童保育時代の仲間とどうネットワークを強め、どう子育て支援の輪を広げていくか。これも大きな課題だ。

もっと広く仕事おこしの実践を創造し、地域の協同性を高め、市民・働く者が本当に主体者として存在する状態をつくりだすことによってこそ、〝うちの子どもも本当に守られる〟〝安心して子どもを産み育てられる〟と思える社会が生み出されるのであろう。

課題は多いが、ワーカーズ大野城事業所の仲間たちは、そんな新たな歴史を確かに切り開きつつある。

〔松沢常夫〕

現場からの声

お腹も心も満腹になる児童館をめざして（東京都福生市）

学習と食事の支援

ワーカーズコープは福生《ふっさ》市の指定管理者として、二〇〇七年四月から学童クラブを併設した児童館三館の運営を始めた。

福生市は東京都北西部に位置し、面積の三割を米軍横田基地が占めている。外国籍の子どもたちも多い。学校が休みの日などは、朝から来館し、お昼を食べずに夕方まで過ごす子どももいる。お腹がすいてイライラするから、けんかが頻発することになる。「児童館で学習支援や食支援をできないか」という想いになっていった。

こうした状況を前に、熊川児童館では「くまっこまんぷくＤＡＹ」を二〇一〇年九月から毎月開催した。子どもたちの食事と学習の支援が目的で、ワーカーズコープの社会連帯活動の一つだ。内容をいくつか紹介しよう。

太鼓演舞とおにぎり＆スープ、お囃子《はやし》とペルー料理、ゲートボールとたこ焼き、おやじバンド演奏＆ラテンダンスとパウンドケーキ＆ポップコーン＆甘酒、英会話とピザ＆ブラウニー、ギター（歌）＆パントマイム＆マジックと豚汁、食・農・環境クイズラリー＆ホタルの幼虫とチヂミ＆たこ焼き。

ふだん荒れている子どもたちの多くは恥ずかしそうにしながら毎回参加し、「まずい、まずい」と憎まれ口をたたきつつ、たくさん食べている。親と子ども両方の暮らしが心配だった家庭も、徐々に参加し始めた。

地域の力に支えられる

くまっこまんぷくDAYのきっかけは、地域との協同を深めるための地域懇談会で、子どもたちの窮状が話し合われたことである。

地域のお囃子グループの演技。この後においしいおやつが待っている

そこには、教員、民生委員、町会、PTA、地域のサークル、畑づくりのグループなど多くのおとなが関わってきた。

困難をかかえる子どもを優しく見守ってきた民生委員、行儀の悪い子どもを容赦なく叱りつけるおばあちゃん、お皿いっぱいの柿を差し入れる方、ポップコーンをいっぱい作って持ってくる方、「甘酒作るよ」と駆けつける方……。地域の力が存分に発揮される場になっている。

こうした取り組みをとおして、地域の力に支えられていること、どんな子どもも排除せずに正面から向き合えば大きく変わっていくことを学んだ。これからも子ども・親との協同、地域との協同、働く者同士の協同を広げて、福生の子育て支援に貢献し、子どもたちの未来のために奮闘していきたい。〈杉山由美〉

4 自分たちも地域も元気に

鹿児島県霧島市

1 なんでも、まずやってみる

◇着実に広がる事業範囲

鹿児島空港に降り立つと、噴火した新燃岳《しんもえ》から白煙がゆっくりとたちのぼっていた。

空港からタクシーで約二〇分。霧島市の労協センター事業団国分《こくぶ》地域福祉事業所ほのぼの（以下「国分ほのぼの」）は、市街地から少し離れた田園地帯にあった。狭い道路に面して三〇メートルほどの白壁に囲まれた一軒家だ。高台にあるので、ひときわ目立つ。

玄関に続く坂を上がると、裏手の広い庭で子どもたちがドッジボールやサッカーに興じていた。敷地三〇〇坪（建坪五〇・五坪）で、表の庭の向こうは一面の田園風景だ。

国分ほのぼのは、二〇〇四年一〇月に訪問介護事業所として開所した。岡元ルミ子（一九六八年生まれ）は開設時からのメンバーで、二〇〇六年七月から所長を務めている。「子育て支援もやるために、もっと広い場所を探したい」と不動産屋に依頼し、「地域福祉の仕事をしてい

庭も裏山も自然がいっぱい。いろんな遊びが工夫できる

る人たちだから」と、駐車場も含めて月額七万五〇〇〇円という格安の価格でこの一軒家を借りたのは、〇六年八月のことである。

庭では蕗《ふき》が採れ、裏山には竹林がある。「竹の子は食べていいですよ」と大家さんが言うので、子どもたちと収穫したら、一〇〇本になった年もあった。周囲はこうした温かな雰囲気だが、地域の状況は厳しい。

二〇〇五年に国分市はじめ一市六町が合併して誕生した霧島市は人口一三万人弱で、県内では鹿児島市に次ぐ。テクノポリス構想のもとでハイテク産業が誘致され、一定の雇用は確保されているものの、民謡「おはら節」で〝花は霧島、煙草は国分〟と謡われたタバコ農家は激減した。農業の衰退とともに高齢化が進み、若者の流出はとまらない。

こうしたなかで、国分ほのぼのの事業範囲は多様だ。重度障がい者も含む訪問介護（正月休みを除く毎日)、学童保育(霧島市からの委託事業、日曜・祭日を除く毎日)を中心に、利用者が自己負担する訪問託児(一七時半以降)、児童の一時預かり、窓ふき・草取り・樹木の剪定などの生活総合支援に加えて、最近は菜の花プロジェクトや野菜作りも加わった。さらに、失業者が社会的事業を起業するための講座も開いた。事業高は年間約二七〇〇万円(二〇一〇年度)とまだ少ないが、常勤・非常勤あわせて七人の組合員と、新たに設立予定の児童デイサービスに関わるスタッフ一人の計八人が働いている。

高齢化が進む地方都市で、高齢者介護から始まって、子育て支援、そして地域の生活支援へと仕事を広げてきた国分ほのぼの。なぜそれが可能だったのかを知りたくて、訪ねてみた。雇用条件が決してよくない国分でできたのであれば、各地で仕事おこしができると思ったからだ。

◇ゼロからの仕事おこし

国分市(当時)で育った岡元は、跳んだりはねたり元気なスポーツ少女だった。実家はタバコなどを作る農家で、父親は青年団活動を経て市議になる。地域の人から相談されるたびに、忙しく走りまわっていたという。岡元は大学で心理学を学んだ後、結婚と離婚を経て、子どもと実家に戻った。

やがて、新聞の折り込み広告で、労協センター事業団始良《あいら》事業所(始良市で生協の物流倉庫内作業を受託)が国分市でホームヘルパー二級養成講座を開くのを知り、申し込んだ。講座では、労協センター事業団本部から多くの人たちが来て「仕事おこしを」と言われたが、岡元にはピンとこなかった。宗教団体かと疑ったこともある。

ただ、姶良事業所長だった大場寛（現・東京北部事業本部長）は信頼できたという。三カ月後の修了式で、その大場から「仕事おこしをしたい。地域福祉事業所に参加しないか」と呼びかけられた。

「祖母が訪問介護とデイサービスで介護されていました。地元に祖母を見てくれる事業所があってもいいかなと思い、お手伝いならできると出資金一口五万円を払ったんです」

労協センター事業団は、二〇〇〇年に介護保険制度が始まる前から全国でホームヘルパー養成講座を開き、訪問介護を中心とする地域福祉事業所を開所してきた。一般的な名称である訪問介護ステーションと名乗らなかったのは、地域の福祉を総合的に担う地域づくりの拠点として位置づけたからだ。中学校区に一つ開設する方針を掲げ、国分ほのぼのもその一つである。

労協センター事業団では、運営も経営も自らが主体者で、「必要な資金は自ら出し合い、働いてつくる」のが基本だ。一口五万円の出資で組合員になれるが、サービス業などの場合、二カ月先の入金となる（介護保険制度では三カ月）ので、給料の二カ月分を目標に積み立てることにしている。

こうして、姶良事業所の組合員三人と講座修了生八人の計一一人で、国分ほのぼの（所長は大場が兼務）を開所する。最初の利用者はたった一人だったが、メンバーは元気に「利用者さんを紹介してください」と地元のケアマネジャーや社会福祉協議会を訪問し、「仕事はありませんか」と市役所に顔を出した。

◆所長は現場から

当初の収入は多いとはとても言えなかったが、幸い住む家はあるし、何とか食べられる。「交通費も出ないね」と言いながら、「家賃ぐらい稼ごう」を合い言葉に始良物流センターで品物の仕分けをしたり、他の事業所の介護現場でケアをするなどの「出稼ぎ」や、地域の人から頼まれて草刈りや清掃もした。自分たちの居場所を自分たちの稼ぎで守るのだから、どんな仕事でも納得できる。ルールは、あらゆる仕事を断らないことだ。「なんでも、まずやってみる」精神が、国分ほのぼのの土台をつくっていく。

たとえば、六〇代の重度障がい者の訪問介護を毎日、朝晩二回行った。彼女は退院したときは手足のマヒでまったくの寝たきりだったが、だんだん這うようにして床を動けるようになる。いまでは玄関まで出迎えてくれ、こう言うようになった。

「私が出資するから、私が行けるデイサービスを早くつくってほしい」

重度の障がいをもつ利用者のニーズに丁寧に応えた自信が、どんなニーズにも応える気持ちを培っていく。「困ったときに助けられた」という利用者の信頼で、仕事は口コミで広がった。利用者がヘルパーの訪問を断る場合もあるが、「ほのぼのは断られたケアがない」のが、みんなの自信だ。

訪問介護事業所としての方向が見え始めると、大場が「次の事業所長は現場から選んでください」と言った。このとき彼が候補に考えていたのは岡元だ。

岡元は「私には荷が重い。誰か他の人に」と断る。だが、「実家にいて時間もあるし、引き受けざるをえないかな」と思い始めたころ、九州事業本部の会議に出ると、配布文書に「国分ほのぼの事業所長岡元ルミ子」と記載されていた。それで、岡元の腹がすわる。頼まれたら断り切れない性格は、父親ゆずりかもしれない。

岡元が所長になり、少しずつ地域に根づき出したときに、貸主の都合で引っ越しを迫られて移ったのが、いまの一軒家だ。設立時の仲間は、夫の転勤や家庭の都合などの関係で岡元と中島の二人だけになったが、人手が必要なときは昔の仲間が「ほのぼのサポーター」として、「自分の実家のように」手伝ってくれる。

2　管理しない学童クラブ

◇一人のために開設を準備

国分ほのぼのでは地域とのつながりをつくろうと、当初から、高齢者の相談会や絵手紙教室の開催などの〝ほのぼのイベント〟を行ってきた。そこで知り合ったあるお母さんから、イベント後の懇談会で相談を受ける。

「うちの子どもが学童クラブに入れず、待機児童になるんです。私は働き続けたいけれど、このままでは仕事を辞めないといけません。でも、一度辞めると次の仕事はなかなか見つからない。なんとかなりませんか」

岡元は悩んだが、国分ほのぼのの会議で九州事業本部長の平本哲男に後押しされた。

「ニーズがあるのなら、学童保育事業をやらないといけない。地域福祉事業所の仕事は、訪問介護だけではないでしょ」

霧島市役所の児童福祉課に相談すると、「子どもが五人以上いないと市の補助金が出ない」と言われた。だが、目の前の問題を放ってはおけない。二〇〇七年四月、たった一人の子どものために学童クラブ開設の準備を始めた。その子どもは空きが出た他の学童クラブに入れたが、一人のために動いたことが経験と自信につながっていく。

二〇〇八年三月には、岡元たちの活動に共感した他の学童クラブから「あなたたちのところで、ぜひ受け入れてほしい」と子どもたちを紹介され、七人が集まった。一年前に一人の子どものために何度も相談していたので、市の認可はすぐに得られたが、一〇人以下だったので霧島市の委託事業になる。翌年は一三人になり、鹿児島県と霧島市の補助事業になった。さらに、利用している子どもたちのお母さんが「ほのぼのはいいわよ」と他のお母さんに勧めるので、一〇年には二九人に増えた。二人の保育士とヘルパー三人の計五人が担当している。

◇子どもが主体、おとなは支える

国分ほのぼのの地域には、二つの小学校がある。学童クラブは小学校に併設している場合が多いが、ほのぼのまではどちらからも約一〇分歩かなければならない。子どもたちは誘い合って、畔道を歩いてくる。そこで、自分の家のように、「お帰り」と言える雰囲気にした。子どもたちは「ただいま」と言う。

自分の家なら祖父母や兄弟や姉妹がいて、一緒に遊ぶ。だから、ここではそれぞれが好きなことをして遊ぶ。けんかも始まるが、すぐには口を出さない。どうしてけんかしたのか、何をやりたいのか、どうすればいいと思うのかを、じっくり聞く。そこから、子どもたちは遊ぶ方法を学んでいく。裏庭では、かけっこや鬼ごっこ、ドッジボール、サッカー、縄跳びなど次々に遊びが変わる。夏には虫取り網を持って裏山に行く。子どもたちが自由に考えて、のびのび遊んでいる。

おとなが管理しなくても、「小さな子どもは、ドッジボールでボールを当てられても、何度も復活できる」「宿題をきちんとしないと、おやつを食べない」などのルールを子どもたちは自然につくって遊ぶ。年上の子どもは、小さい子どもの面倒をみる。おやつも子どもたちが運ぶ。小学校が違っても、異年齢の子どもも一緒に遊ぶ。それらが子どもたちの元気につながっていく。

二〇〇九年七月からは、「子どもたちの毎日の様子や、どんなものを食べているのかを知りたい」というお母さんの要望に応えて、ブログを始めた。池田真己《まさき》（一九七〇年生まれ）が発案し、作成も担当。子どもたちの様子が、たくさんの写真入りで掲載されている。

「わかりやすいから続けてほしい」とお母さんたちから好評で、「それが励みになる」と池田もうれしそうだ。

池田がブログを作成しているのを見た女の子二人が、『ほのぼのしんぶん』を発行した。子どもがインタビューし、子どもたちが答える。

——学童をどう思う？

「楽しいから好き」

「みんなに会えてうれしい（みたいな）」

——ほのぼののいいところは？

「庭が広いところと、おやつが手作りです」

「男の子がおもしろい」

「イベントが楽しい」

もちろん、問題が起きないわけではない。軽い発達障がいがある小学校一年生のこうた君（仮名）は、学校ではおとなしいが、学童クラブでは自分の思いどおりにならないと、机を引っくり返す。カードで負けそうになると、放り投げて泣き出す。そこで、担当する五人が話し合い、しっかり見守るために「こうた君ノート」をつくり、ありのままを書くようにした。

「みんなが遊びに入れてくれない。ボク敵なんだと、べそをかいていた」

「かけ算の九九や漢字の書き取りで間違いを教えると、怒り出し、泣き崩れた」

「眠たかったのか、頭がゆらゆら船をこぐ。おやつを食べるときは機嫌が直っていた」

そして、どう対応するのかを話し合い、共有していく。たとえば、暴れるときは他の子どもにけがないように気をつける、こうた君が言いたいことを伝えきれないときは言葉をかける、パニックにならないよう注意する、などだ。

一人ひとりに正面から向き合って逃げない。子どもは、いったん「この人ダメ」と思うと、信頼してくれないからだ。

◆働くお母さんのためのさまざまな対応

春休み・夏休み・冬休みには、長時間預かってほしいという要望も受け入れている。障がいのある子どもをもつ母親から、「学校が休みになるときが悩みです。子どもが一日中離れないので、仕事も外出もできません」と相談されたからだ。

「学童保育は働くお母さんのためにあります。朝八時から仕事なので七時から預かってほしいとおっしゃるので、七時に開くようにしました」と岡元は言う。

早朝出勤できる独身の池田が対応し、彼の都合が悪いときは、保育士が自分の子どもを連れて七時に来たり、ヘルパーが応援したりする。料金は保護者会で話し合って決める。他の学童クラブでは預からない四〜六年生も預かる。

訪問託児は一件だけだが、双子の子どもをもつお母さんが病弱で、元気な子どもたちを支えきれないという声を聞いて始めた。この取り組みを聞いた保護者や地域住民から「協力するよ」「手伝うから」とさまざまな支援がよせられだす。

二〇〇八年五月には「父母の会」が発足し、子どもの様子、おやつの内容、今後の方向性などを話し合うようになった。さらに、「学童クラブ運営委員会」には、保護者に加えて公民館、PTA、地区子ども会の代表なども参加している。

いまでは、待機児童一人のために学童クラブを開設しようとしたことに感激したある住民から、お米がなくなるころに一俵(六〇キロ)が届くようになった。実家が農家の父母たちも、新米を提供する。だから、お米はほとんど買わない。焼きたてのパンも届く。おばあちゃんが作る野菜も届く。お父さんは日曜大工で棚を作り、網戸を張り替えてくれる。みんなが学童クラブを理解し、いろいろ手伝う。

◇イベントをとおして地域とつながる

学童クラブの子どもたちは毎年増えているが、とくに宣伝しているわけではない。休日はいつも朝早くから来る愛ちゃん(仮名)のお母さんは、口コミで増やしてくれた、ほのぼのサポーターだ。

「ここに来るようになって、子どもが変わりました。昔は、私がご飯の用意や家事をしていると、つまらない、つまらないとまとわりついてきて。いまは、お弁当を作って持たせたら、後はほのぼの任せ(笑)。帰ってきてからは、その日の出来事をよく話します。ほのぼのでは、小さな子の世話をしてるみたい。夏休みも旅行に行くより、ほのぼのがいいと言ってます。ほのぼのがあって本当によかったと思う。だから、子育てに悩んでいるお母さんを見たら、ほのぼのに行ってみたら、と声をかけています」

サポーターたちは口をそろえて、「ほのぼのイベントで、お母さんたちの声をよく聞いているからね」と語る。この「ほのぼのイベント」は、訪問介護事業所を開所して二カ月後の二〇〇四年一二月から、ほぼ毎月一回(年に二回はお祭り)開催してきた。それが地域との貴重なつなぎ目になっている。

地域にほのぼのの存在を知ってほしいと考えたとき、すぐ頭に浮かんだのが井戸端会議だった。近くに商店街はないし、スーパーは遠い。集まって話す場所もない。だから、子どもも親も家族も近所の人も一緒に楽しめる、地域の井戸端会議をめざしたのだ。ワイワイがやがや悩みや愚痴を話しながら、少し勉強もしようと「ほのぼのイベント」と名付けたという。当初は、保護者同士や地域の高齢者と交流していたが、学童クラブ開設後は、親子での遊び、父母会主催のバーベキュー大会、食育講座のような親のための勉強会などを行ってきた。

3 食育から農業へ

◇好評の食育講座

「がんばらない子育て」をテーマにした二〇〇八年のイベントでは、「おやこでたのしく！食育講座」を開いた。講師の後迫民子《うしろざこたみこ》は、国分ほのぼのが行ったホームヘルパー二級養成講座の修了生で、食育指導士の資格ももつ、ほのぼのサポーターだ。

この講座はわかりやすいと好評で、定期的に開くようになった。そして、さつまいも、在来種のかぼちゃ、土付きの人参、蕗の葉といもがら（ハスイモの葉柄）などの地元野菜を使って、食べものの基礎や栄養を学んだ。

その後、霧島市に協力を要請し、二〇〇八年度には市民活動事業として五〇万円の助成を受ける。それでも、講座の材料費や経費はぎりぎりに抑えた。開所以来、節約するのが習い性になっているのだ。そして、「三一万円しかかからなかった」と市に正直に収支報告書を年度末に提出すると、担当者が困惑した。

「ええっ、助成金を余ったと返してきたのは初めてです。困ったなあ。予算を全部使ったと思って書類を作成したのに、やり直ししないといけないじゃあないですか」

助成金をもらうと、税金を使うので制約が多くなる。イベントの昼食やティータイムの飲食費もいちいちチェックされる。書類も多い。ほのぼのは参加者と一緒に企画するので、その場でいいと思ったことはすぐやる。だから、二〇一〇年度からは自前で運営し、一一年一〇月には五三回目を迎えた。食材は寄付を受け、実行委員会方式で役割分担し、お金がかからない仕組みができている。参加者はいつも三〇～五〇人だ。

食育講座で知り合った看護師や教職員は、「何でも協力するから言ってね」と声をかけてくれる。人のつながりが、可能性を広げている。

◇子どもたちでおやつや給食を作る

国分ほのぼのでは、おやつの食材の持ち込みがあるし、手作りしているので、安い日は二〇～三〇円しかかからず、一般的な学童クラブより安くあがる。子どもたちも調理に参加する。自分たちが作ったおやつだから、喜んで食べる。だんだん好き嫌いが少なくなった。一石二鳥だ。

二〇〇七年の夏休みからは、長期休暇中の給食作りも始めた。子どもたちのお弁当に野菜が少なく、冷凍食品が多いことに気づいたからだ。子どもたちは、空の弁当箱を持ってくる。そして、みんなでご飯を炊き、おかずを作り、弁当箱に詰めたり、皿に盛る。家庭でも手伝えるようにと、包丁も使わせている。がね(鹿児島弁で蟹。さつまいもと野菜を揚げた郷土料理で、形が蟹のように見えるところからきた名称)も揚げる。裏山から竹を切ってきて庭でソーメン流し

自分たちで作った豊富なおかずが並ぶ、楽しい昼ご飯

もしたし、プランターでニラやシソを植えた。

◇農地を活かした仕事おこしへ

子どもたちは包丁を上手に扱い、野菜を刻むようになったが、いまひとつ実感が湧かない。野菜が畑でどう育ち、どうやって収穫するのかを知っている子どもは少ないからだ。

一方、周辺には耕されていない畑が多い。岡元の実家も、祖父の死後は農業を続けていない。折から、全国の労協組織で菜の花プロジェクトが広がりつつあった。岡元もそれに注目して畑を探していたところ、知り合いの市議から「農協がトラクターを出して、耕作放棄地を耕してくれるそうだ。菜種を播いてみないか」と持ちかけられた。

こうして二〇〇九年の冬、組合員の家族が所有する山沿いの畑(二〇アール)と高齢で耕作できなくなった農家の畑（二アール）の二カ所を借りる。「思い立ったが吉日」と、すぐに子どもたちと二つの畑に菜の花の種を播いた。「菜種を播くのは三〇年ぶり。この畑はもうダメかと思っていたけど、使ってもらえるならうれしいよ」と、農家の方が手伝ってくれた。幸い、この畑には翌年の春、花が咲く。山沿いの畑はうまく育たなかったが、広いので子どもたちが喜んで走り回っていた。

菜の花や菜っ葉は学童クラブの昼食やおやつで食べる。そして、菜種を収穫し、油を搾って菜種油にし、昼食の調理やお菓子作りに利用する。その全過程に子どもが関わり、子どもたちの生きる力を育てようと考えている。将来は、廃食油を回収して製造するＢＤＦ（バイオディーゼル燃料）を精製し、それを用いた地域の循環バスの運行を提案しようという思いもある。

この体験を経て、サツマイモを植えて焼酎を造りたい、サトウキビを植えたい、鶏や山羊を飼いたい、そうした素材を活かすコミュニティ食堂を開設したいと、夢が広がっている。それらが成功すれば、農地を活かして地域を元気にできる。若い人が働く場の創出になるし、子どもや親の食育にもなる。岡元たちは言う。

「地域に広がったネットワークをつなげていけば、この夢を現実にできるかもしれない。社会連帯の仕事おこしができるかもしれない」

菜の花を播いた畑に続いて、元公民館長から紹介されて、ほのぼのの向かい側にある一一・五アールの畑を二〇一一年一月から借り、ＪＡに頼んでトラクターで耕してもらった。三月末には子どもたちと組合員が分担して小松菜、チンゲン菜、人参、ごぼうの種を播いた。学童クラブの父母も参加して、収穫まで一緒に作業する。子どももおとなも生きる力をめざめさせていく取り組みにしたいと、岡元たちは考えている。

4 原則を守りながら広げる

◇新しい風を入れる

開設から七年、事業の初めから予算と実行計画は徹底して議論し、決まったら守っている。「お金はなるべく使わない。原価率は守る。まずやってみる」が原則だ。株式会社は、現在か将来に利益が得られる内容や場所でしか事業を行わない。これに対して労協では、自らが暮らす地域で働きたい、地域のかかえる困難を解決したい、と考えて仕事をおこす。思いを継続させるためにも、岡元たちは赤字は絶対に出さない。

中島は自分が変化し、岡元の行動を支えるようになったきっかけを振り返る。

「訪問介護をやろうと仕事を始めたのに、岡元さんは学童クラブ、菜の花プロジェクトと、どんどん広げていく。足元もしっかりしていないのに、人のことなど考えていられないでしょ!!と不安で、不安で」

そんな気持ちで本部が主催した「食のコンテスト」に参加して、変わったのだ。

「立ち止まったり、悩んだりしながら、仲間と地域のために前を向いているみんなの姿を見て、初めて自分の迷っている姿がわかりました。そこで、岡元さんの言っていることをやっと素直に受けとめられるようになったのです」

岡元も、以前は労協の方針や労協新聞をあまり読まなかった。しかし、学童クラブなど新しい事業を始めたら、立ち止まっているわけにはいかないし、情報の共有を大事にしなければならない。自分が何を感じているか、誰が何をしているのかをよく話し合わなければならないけれども、それだけだと経験主義に陥りやすい。目と心を開いて、新しい風を入れることが必要になる。

岡元はそれを「おいしい空気、いい空気が入ってくるようにしたい」と表現した。そして、こう続ける。

「仕事を自分たちの手でおこしてみないと、協同労働という働き方はわからないと思う。仕事をおこすと、困難にぶつかる。そのとき労協が掲げる七つの原則を読めば、足らない部分が見えてくる」

直ちに解決しなければならない課題を突きつけられて、七つの原則の意味が身体に浸み通ってきたと岡元は言う。ただし、原則に書いてあるとおり本部の方針や全国の動きを伝え、「情報の共有」をしようとしても、自分が納得できずに話すと、すぐに見透かされる。だから、自分がまず理解しようと、労協新聞も永戸祐三理事長の演説や提起も、真剣に読むようになった。

線を引いて読み、ファイルに綴じ込む。困ったら七つの原則の意味を考え、国分ほのぼのの現実に照らし合わせて、みんなに伝える。一堂にはなかなか集まれないので、会ったときに必要なことを伝える。

二〇〇七年にホームヘルパー二級養成講座を修了して国分ほのぼのの仲間になった原口昭子(一九五八年生まれ)は、次のように語る。

「岡元さんは何事も前向き。馬力があるから協力者も増える。私は母を介護しているので休みがちになるけど、ここならみんなが支えてくれるので働きやすい。だから、ここに来るときは力を出そうという気になる」

◆よい循環

国分ほのぼのでは、全員がヘルパーも学童クラブの指導員も畑の草刈りもイベントもやる。多彩な仕事をしながら、意見を積極的に出す。地域の研修会や全国会議にも参加する。それらを通じて、みんながわかってきた。

「私たちの仕事は一つひとつがつながっているんですね。だから、やっていて楽しい」

働くなかで気づきが生まれ、実感することで新しい発想が生まれる。誰もが地域や高齢者について、そして仕事おこしについて考えるようになった。よい循環が生まれている。

たとえば、病児保育が必要だろう。ヘルパー講座の修了生やイベントで知り合った看護師が協力すると言っているので、可能性はあるはずだ。宿泊もできるデイサービスもやりたい。

地域活動にも熱心だ。霧島市は鹿児島県で初めて「協同労働法早期制定」の賛同署名を市議会で採択した。「新しい法律ができたら私も出資するから」と言う利用者もいる。法制化に向けた市民学習会も自ら開いた。

地域での仕事おこしが豊かな地域づくりにつながっていく。困ったり悩んだりしている人も、少しの手助けがあれば仕事ができる。岡元たちはいま、その手ごたえを感じている。

「九州事業本部全体が、仕事おこしに向かう熱を感じています。ほのぼののような働き方ができるところを、たくさん広げていきたい」

◇失業者に仕事おこしをアドバイス

二〇一一年二月二八日、基金訓練の社会的事業者等訓練コースの修了式が行われた。受講者は二〇代から六〇代後半までの二〇人で、深刻な雇用情勢のなかで失業状態になっている人たちだ。自分たちで「仕事立ちあげ委員会」をつくり、企画提案書を書いて、地元自治体を訪問した。

「受講者たちはすごいですよ。一年間の訓練期間で観光ガイドを育成する企画や生活保護受給者支援事業を提案しました。行政担当者から『労協というのはどんな組織ですか』と聞かれると、『労協センター事業団は、失業者や高齢者たちの居場所づくりができる全国組織です。

生活保護受給者の支援事業に関してはノウハウがあるので、ぜひやらせてほしい』と迫る場面もありました」(岡元)

経営学士の資格を持っている男性は、東京で労協センター事業団の代表者会議に参加して、考え方が変わったと言う。

「いままでは、人を切って企業が生きのびるのが当然と思っていたけど、そうではない。人が支え合う仕事があるんだ」

霧島市にUターンしてきた女性は、「この基金訓練に来なかったら、労協を知らずに死んどったわ。この年になって夢や目標をもてます」としみじみ話した。

いま、二つのグループが仕事おこしを計画している。一つは、霧島市でデイサービスと学童保育の準備を始めるグループ。もう一つは、車で約一時間のさつま町で地域福祉事業所を開くグループ。後者は六〇代の二人の女性が知り合いに話して、事務所となる一軒家を借りる手はずを整えた。「しばらくの間は、光熱費さえ払ってくれれば家賃はいらない」そうだ。

5 共感を引き出す

訪問介護から始め、学童保育、イベント、食育、菜の花プロジェクト、畑の耕作、さらには失業問題と、地域の人たちと取り組み、「とにかく前に進んで考えた」国分ほのぼのの七年間。

鹿児島エリアマネージャーの下荒磯薫《しもあらいそかおる》は、高く評価する。

「当たり前のことを当たり前にがんばってきた。活動が自然にできている。みんなの共感を引き出してきたのが素晴らしい」

普通の主婦だった岡元の原動力は何だったのだろうか。

「自分たちの思いを形にできる働き方が合っていました。こんなことをやったら子どもたちが喜ぶよね、あの人に話してやってみようと、重く考えずに、前に出てみただけ。すると、私たちのやることは生活につながっていて、地域を元気にできるんだと実感できた。特別なことをやったわけではない。みんなの声を聞いて、労協の方針を考えてやってきたら、こうなった」

地域には、子育て、高齢者や障がい者の支援、農業、失業などの問題が連鎖している。「いつ自分たちが困るかわからない。だから自分たちの問題として取り組む」と新しい組合員が言うようになった。

もちろん、課題はある。まだまだ組合員数が少ないし、仕事おこしも始まったばかりだ。労協がめざす社会連帯経営を進めるには力が小さい。しかし、事業と運動の方向には迷いがない。岡元たちはきっとそれらの課題と人を自然に結びつけ、地域にある元気を引き出し、受けとめ、協同労働という新しい価値に紡いでいくだろう。

〔川地素睿〕

現場からの声

面接の不採用者と一緒に仕事をおこす（北海道札幌市）

深刻な雇用状況

二〇一〇年一月にワーカーズコープが主催した面接説明会には、大雪にもかかわらず札幌市を中心に全道から七〇〇人弱が集まった。これは、ワーカーズコープが四月から始める札幌市のコミュニティセンターの運営に携わる人向けの説明会である。六〇名の募集に対して、予想の三倍以上の一二八〇名から履歴書が届いた。

通常であれば、書類選考で一〇〇〜二〇〇名にしぼる。だが、北海道事業本部では、これは北海道の深刻な雇用状況の反映と判断。不採用者は限られるが、不採用者にも仕事おこしを呼びかけ、一緒に反失業・仕事おこしネットワークをつくろうと考える。そして、急遽、面接を二日間とし、面接担当者を全国からの応援も含めて増員。極力、全員と面接できるよう努めた。

反失業・仕事おこしネットワークの呼びかけは、応募者たちの心に響いたようだ。

「自分は数百社の面接を受けてきましたが、採用しない人と一緒に仕事をつくろうと呼びかけられたのは初めてです」

「面接を受けたときに入っていたのが反失業・仕事おこしネットワークのチラシ。ピーンときて思わず記入しました。この一枚のチラシが私の運命を変えることに。後日、反失業・仕事おこしのミーティングがあるという知らせを受け、参加しました」

緊急雇用創出事業を受託

この結果、二三二名が反失業・仕事おこしネットワークに登録し、懇談会を重ねていく。その場には、現状から何とか抜け出したいという思いをもつ人が集まり、「農業をやってみよう」「葬儀の仕事を始められないか」など活発な意見が出された。

応募者であふれた面接説明会の場

そして、札幌市の緊急雇用創出推進事業に企画書をつくって応募し、みごと受託する。事業名は「地域のまちづくりサポーター雇用創出事業」。町内会の広報誌やホームページの作成、お祭りやイベントの企画、交通安全マップの作成、町内会の活性化をめざすワークショップの運営などだ。

当初は「税金どろぼう」「あんたたちに何ができるのか」と罵倒されもしたが、町内会の行事に頻繁に出かけていくなどの努力を重ね、信頼される関係をつくっていった。この仕事をとおしてメンバーたちは、町内会の活性化がいま必要とされていると実感したという。

事業は二〇一一年三月で終了したが、その思いを引き継ぐために、基金訓練の社会的事業者等訓練コースを利用して、「まちづくりサポーター養成科」に挑戦。本格的な仕事をおこしたいと奮闘している。

〈平井英之〉

5 若者を応援したい

北海道釧路市

1 若者の就労を支えるサポートステーション事業

◇夢を追い求めて

面接でワーカーズコープの説明を聞いたとき、相座聖美《あいざさとみ》さん（一九七八年生まれ）は、「ここは私にすごく合ってる職場かも」と思った。

高校卒業後に就職し、職場の同僚と結婚。産休を取りながら、二人の子どもを産んだ。仕事はやりがいがあり、同僚とお酒を飲みながら語るのも好きだった。しかし、夫は「母親は家庭に」という考えで、徐々に溝が大きくなって離婚する。

二〇〇六年に釧路市にやってきた。職業訓練を受けてパソコンと簿記の二級を取り、パソコン教室のインストラクターに。だが、アルバイトの身分で、生活できる収入は得られない。次に入った家族経営の会社では経理を担当した。そこでは社長の言うことが絶対で、こういう働き方は違うと思った。彼女には、シングルマザーが気軽に愚痴を言え、気持ちを軽くして帰れる場所をつくっていきたいという夢があったのだ。

とはいえ、とにかく仕事を見つけなければならない。就職活動を続けたが、面接を受けてもシングルマザーというだけで断られた。やがて、何度も通ったハローワークでマザーズコーナーの存在を知る。そこにいた職員は、相座さんと同じシングルマザー。すぐに意気投合し、気がつくと将来の夢の話もしていた。そうしたなかで、新設されるくしろ若者サポートステーション（以下「くしろサポステ」）の求人を見つける。子どもを育てていくには十分な給料ではなかったものの、信頼関係のできた職員の勧めもあり、とりあえず面接へ。

そこで初めて、自ら出資して経営も担い、地域の必要に応じて仕事をおこしていくという協同労働の仕組みを聞いた。この働き方なら、自分の夢に近づけるだろう。それに、自分と同じように悩み、苦しんでいる若者の力になりたい。経理の担当者も必要とされており、常勤として働くことを決意した。

◆私に何ができるんだろう

地域若者サポートステーション（サポステ）事業は、①収入のある仕事をしていない、②学校に行っていない、③職業訓練を受けていない、④未婚の、一五歳からおおむね三九歳までを対象として、自治体の協力のもとで、厚生労働省からの委託を受けた民間団体が実施している。二〇〇六年度から全国二五カ所で始まり、一一年度は一一〇カ所に拡大した（予算二〇億円）。

ハローワークやジョブカフェなどの就労支援機関、教育機関、保健・福祉機関、行政、NPOなどとのネットワークの拠点となり、働くことに悩みをかかえている若者を就労に向かうようにサポートすることがおもな内容である。登録した利用者は、キャリア・コンサルタント（就職希望者の相談・支援を行う）などと無料で個別相談を行い、コミュニケーション講座、職業人講話、面接の受け方・履歴書の書き方、学習支援などを受けたり、職場見学や職業体験に参加して、就労の準備をする。

釧路市では、北海道労働者協同組合と労協センター事業団北海道事業本部が運営団体となり、二〇〇九年七月に開所。年間約一六〇〇万円の厚生労働省からの委託運営費をもとに、活動している。

くしろサポステで働き出した相座さんは、利用者の実態に驚かされた。「働けるけど、一歩が踏み出せない」という若者の背中を押す仕事だと考えていたが、実際にはさまざまな問題をかかえる若者たちが相手だったからだ。話しかけても反応が薄い、自分の言いたいことだけ言って帰る、肯定的な言葉をかけても、「すごいって思うくらいなマイナス思考」で返す……。家族から否定的な言葉を言われて意欲がしぼむ利用者もいた。本人だけの責任ではないと思っても、相手は成人だから、本人の許可がなければ家族とは接触できない。しかも、相座さんにとって、自立支援の仕事は初めての経験だった。

「地域でいろいろ活動してきた人や専門知識をもっているスタッフもいます。私に何ができるんだろう、何もできないんじゃないのか、というもやもやした気持ちにおそわれました」

◆試行錯誤のなかで役割を果たす

現場のリーダーである総括コーディネーター(所長)だった北川裕士《ひろし》さん(一九八三年生まれ)も、「ぼくが年齢的には一番若いっていうのもあって、仲間との協同の部分で、いろいろうまくいかなかったんですけど」と、初めのころの雰囲気を思い出して語る。

スタッフ六人は、ワーカーズコープが大切にする、働く者同士の協同、利用者との協同、地域との協同の考え方を知っていたしそれぞれが理想をもっていた。だが、現実には意見を言える人と言えない人とで分かれ、打ちとけ合えずにいたという。

北川さんの協同労働との出会いは、中古車販売業の会社に勤めながら、まちづくりを目的としたNPO法人設立の準備をしていた二〇〇七年三月のこと。北海道労働者協同組合が企画した、仕事おこしとまちづくりをテーマとする連続シンポジウムに、パネラーとして招かれたのだ。

その後、北川さんはNPO法人「プロジェクトくしろ」を設立し、コミュニティカフェ「喫茶ハーブタイム」を開いた。カフェにはおもに三〇～四〇代の女性が来店し、市民活動の場にも、仕事の疲れを癒す居場所にもなっていく。

二〇〇九年に入ると、サポステの準備を進めていた労協センター事業団から責任者を依頼された。釧路の重要な課題である中心市街地活性化の拠点としても位置づけようと考えていたので、地域に密着した活動をしてきた北川さんに白羽の矢を立てたのだ。当時の北川さんは仕事もNPO活動も充実していたが、知的障がい者とともに働いた経験などから、福祉の仕事で食べていきたいという思いを強くしていた。

サポステの話を聞いた北川さんは「理想的な仕事」だと思い、総括コーディネーターとして参加することを決める。スタッフの誰もが、協同労働もサポステの仕事も初めてだった。それでも、旭川市にあるワーカーズコープのサポステ現場と交流して学びながら少しずつ仕事に慣れ、一年ほど経つと、余裕が生まれてきた。

「結果的には、話し合いをあきらめなかったことが大きかったと思います」と北川さん。会議で何か言いたそうな雰囲気があったら、仕事が終わった後に電話で聞き出すなど、リーダーとして地道な努力を積み重ねていた。

相座さんも、あるスタッフから「相座さんは私にはないものをもっているから」と言われて、自信を回復していく。

「そう言ってくれた彼女は、理論的で説得力のある説明ができるし、専門知識もある。性格は私と正反対だと思います。私は他のみんなと同じじゃなくていいんだな、とわかってきたんです。得意なことと苦手なことがそれぞれ違うから、違うことができるんだ、って。私は、やって来る若者に気軽に話しかけたり、何気ない会話をして入っていけるタイプ」

くしろサポステでは、経理、障がい者福祉、調理、教職などの専門分野や、書類作成・学習指導などの持ち味にあわせて、プログラムや事務の担当を決めている。スタッフ六人の平均年齢は四三歳だ。毎月の会議は、ケースの検討、支援の方向性、ワーカーズコープの運動、仕事おこしについてなど、一日がかりになる。サポステの仕事をどう考えるか、自立とは何かに話が及ぶときもある。日常的にも、仕事上でのアイデアはもちろん、家庭や個人的な夢まで、冗談も交えて話し合えるようになっていった。

◆若者たちの厳しい現状

事務所の中には、フリーサロンと呼ばれるスペースがある。パソコンやソファが置かれ、若者たちが、就職に関する情報を見たり、パソコンの練習をしたり、おしゃべりできるようになっている。

一〜二週間に一度の面談では、一時的にやる気が引き出されても、しばらくすると自然に意欲が消えてしまうこともある。それに対して、この居場所で日常的に信頼関係を築いていくことが、若者の気持ちを上向きにして、自立に向かう意欲を引き出しているという。相座さんはこのフリーサロンに入っていき、「何が好きなの?」「きのう何してたの?」などと笑顔で話しかける。

二〇一〇年度末までに登録者は累計九三人、メールや電話などで相談してくる未登録者も五〇人程度にのぼる。これまでに進路が決定したのは五七人と、登録者の半分以上だ。とはいえ、多くがパートやアルバイトで、正社員は一割程度にすぎない。もっとも、釧路市の有効求人倍率は〇・四倍程度だから、仕方ないともいえるだろう。

生活保護受給率も徐々に上がり、二〇一〇年には約五%となっている(全国平均は約一・五%)。貧困は学習機会を奪い、進学率の低下を招く。生活保護家庭で育つと、働く意欲がそがれる場合もある。くしろサポステの利用者にも生活保護受給家庭の若者は増え、現在では通ってきている十数人のうち三割程度を占めている。ケースワーカーの勧めでつながったケースも多い。

「保護費を収入のように考えていて、働いたら減らされると思っている若者もいます。また、就労意欲がなかったり、将来の目標を見つけることが苦手な若者も多いです。小さいときから、自分の能力を認めてくれるおとなや環境が必要だったんだと思います」(相座さん)

また、登録者の四分の一以上が、いじめなどを理由に、中学校から大学までに中退や不登校を経験している。彼らには時間をかけた働きかけが必要なのだ。

二〇一〇年度から厚生労働省は、サポステを受託する事業者を対象に、「高校中退者等アウトリーチ事業」を設定した。これは、ニートの発生を未然に防ぐために高校と連携して、中退者や中退予備軍の自宅を訪問して支援する事業である。

くしろサポステは初年度から実施団体になり、六六人に訪問支援を行って二人をサポステにつないだ。進路が決定したり他の支援機関につないだケースは四人。三分の二は一一年度も支援を継続している。

実施にあたっては、釧路市内の高校と連携のあり方を話し合った。たとえばある定時制高校では、働かずに昼間は家にいて、学校以外の居場所を見つけられない生徒が増えているという。そこで、学校からの提案を受けて、学校内で一カ月に二回、授業が始まる前や休憩時間に生徒がくしろサポステのスタッフに自由に相談できる「サポステの日」を設けた。こうして、スタッフが生徒の悩みを受けとめる身近な存在になっていく。

担任の先生と連携して、不登校ぎみの生徒を支援したケースもある。最初は先生と一緒にサポステを訪れて、利用者が話し合いをする様子を見た。二回目は本人の希望でスポーツのプログラムに参加。いつのまにか他の利用者と趣味の話題で盛り上がり、スタッフとの信頼関係も築かれていった。こうした経験が自信につながったのか、心の中にあった学校に行きたいという気持ちが引き出されたのか、スタッフは後日、この生徒と校内の相談室で話すことができた。

一方で、障がいや病気のために、働きたくても働けず、自立に向かえない若者も少なくない。それは利用者の半数近くにのぼると見られる。本人や家族に障がいがあるという自覚がなかったり、病気とのグレーゾーンだったりというケースも多い。その結果、専門機関ではないサポステにしか居場所を見つけられないのだ。せっかく就労しても、すぐに辞めてサポステに戻ってきてしまう若者もいる。

「働くことの意味が自分でわかっていないと、長く続かないいんですよね。実際に働いてみることでしか学べないので、時間も必要です」と話す相座さんは、サポステとしてはできなくても、ワーカーズコープとしてできることがあると思っている。それは、いったい何だろうか。

2 商店街とともに

◆若者たちの変化

くしろサポステは、釧路駅前を南に延びる北大通に面した商店街にある。

大型デパートが開業し始めた一九六〇年代初頭、北大通の居住人口は二〇〇〇人を超えていた。しかし、街路の幅を広げ、建物を高層化する行政主導の都市改造計画が進むなかで、小規模店舗は大型デパートの中に集約されていく。その結果、職住分離が進んで人口は急激に減少し、八五年には四五〇人となる。釧路市全体の人口も、基幹産業である水産、石炭、紙・パルプ業の衰退で減少に転じ、二〇一一年には約一八万人と、ピーク時より四万人少ない。

バブル崩壊後、北大通では駅前の地下デパートや大型総合スーパーが撤退し、小売店の多くもシャッターを下ろした。釧路駅前商店街振興組合(以下「振興組合」)の会員は半減して三〇人程度。しかも、そのほとんどが、実際には商店を経営していない「サラリーマン会員」だという。

サポステの隣は振興組合の事務所だ。写真店を営む加藤譲理事長（一九四五年生まれ）はずっと駅前に住み、まちの変遷を見てきた。理事長を引き受けたのは二〇〇九年だ。

「非常な貧乏くじですよ。いま高校生に釧路の市街地はどこだと思う？と聞くと、（郊外の）イオンという答えが返ってくるんですから」

それでも、商店街には「おもしろいメンバー」がいると加藤さんは言う。その一つが、振興組合事務所とくしろサポステが入居しているビルのオーナーでもある株式会社ビケンワーク。釧路市の生活保護受給者自立支援プログラムで、中間的就労の場といえるボランティア活動を通じた居場所づくりをしている。そして、もう一つが、ほかでもないくしろサポステだ。加藤さんは当初から、頻繁にくしろサポステに顔を出していた。

「いまは、企業の社会貢献がいわれる時代でしょ。ここでは、商店街が社会貢献する動きが出てきています」

二〇一〇年の初夏に、くしろサポステと振興組合の事務所は合体した。毎日十数人の若者が集う様子を見ていた加藤さんが、家賃や光熱費は据え置きで、壁を壊し、事務所を一体化させ、くしろサポステのスペースを広げることを提案したからだ。この結果、二倍の約三二坪となり、フリーサロンはやや広がり、間仕切りされた相談室も増えた。

事務所のファイルには、一九八〇年前後に北海道知事や釧路市長から授与された、「住み良い環境づくり運動」最優秀賞の賞状や楯が写真に納められていた。加藤さんが言う。

グリーンボランティアに取り組む若者と商店街の人たち

「これが、グリーンボランティアの原点だと思います」
　グリーンボランティアは、サポステが開所当時から加藤さんの勧めもあって続けているボランティア活動だ。振興組合や釧路駅前町会の会員と一緒に、振興組合にプレゼントされた緑色の腕章をつけて、毎週土曜に花壇の手入れ、ごみ拾い、雪かきなどをする。古い写真にあったエプロンや作業着姿の男女が花壇を整備している姿が、若者たちの活動風景と重なった。
　若者たちが活動する様子を見て、商店街の人たちが声をかけるようになった。わずかな交流だが、利用者の心には確実な変化をもたらしていく。この活動で振興組合から謝礼金をいただき、自分たちで活用先を考えたのだ。

まず、クリスマスの交流会を企画して、商店街の人たちや職場体験でお世話になった企業関係者を招待した。市議やビルのオーナーなども参加して、利用者がダンスを披露したり、感謝の言葉を述べたりしたという。そして、「くしろサッポロ氷雪国体」(二〇一〇年一月二七〜三一日)や毎年の「くしろ氷まつり」に訪れる観光客向けに、北大通を中心にした飲食店マップ(B5判四ページ、約八〇〇部)の作成にも活用した。

最近はグリーンボランティアの参加者が増え、七〜八人が毎回の活動に従事している。あるときは、利用者の一人が「髪型と化粧に自信がない」と相座さんに話しているのを聞いた商店街の女性が、美容室を紹介してくれた。後日、彼女はそこで数年ぶりに髪を切り、さっぱりした表情を見せたそうだ。

「人が元気でなければ、まちも元気になるはずがないですよね」と、北川さんは言う。

◆商店街に育ててもらった

北川さんは、くしろサポステに来る若者に、人とのかかわりを肯定的に感じられる体験をしてほしいと願っている。それは、自分自身の経験によるものだ。

「そのきっかけを、ぼくたちが地域に働きかけて、つくっていきます」

北川さんの祖父母は北大通で蕎麦屋を営んでいた。商店街はかっこうの遊び場であり、学びの場だった。

「ぼくが子どものころは、いまみたいなシャッター通りじゃなくて、ほとんどの店は開いていたし、明るい電照の看板がいっぱいでした」

週末になると、七キロ先の住まいからいつも遊びに来ていた。一番の楽しみは、商店街の人たちとのかかわりにあったそうだ。近所の子どもたちと遊びながら店の中に入ったり、いろいろな年代の人たちと話したり、ときにはお菓子をもらったりしたという。また、北大通には印象に残る男性がいた。服の片方の袖を肩のあたりからぶらぶらさせていた酒屋のお兄さんだ。子ども心に「ぼくと同じだ」と思ったという。

北川さんは、右手に先天性の欠指症がある。小学校では、「あれは何?」という視線が向けられ、いじめの標的にもなった。一方、酒屋のお兄さんは、「たぶん、自分にはとくに優しく声をかけてくれた」。北川さんは幼いころから車好きだったが、マニュアル車の免許は取れないかもしれない、と親から言外に感じさせられていた。だが、酒屋のお兄さんはいつも配達時にマニュアル車を運転している。それを見て、「大丈夫じゃないか。自分にもできるんだ」と思った。

「商店街の人たちとの温かいふれあいをとおして他人がイヤな存在ではなくなり、他人を信頼してもいいということや、自信をもつことを教えてもらいました。ぼくは商店街に育ててもらったようなものです。いまから思うと、そこで職業観も広がりました」

◆商店街で職業体験

くしろサポステとの交流を続けていた振興組合は、二〇一〇年度に初めて「コミュニティの再構築」を活動方針に掲げる。その年、ワーカーズコープは振興組合の事務委託を受け、職業体験の場（週一〜二回）を設けた。振興組合の集金をしたり、配布物を持っていく仕事だ。サポステ内に求人票を出し、応募者をスタッフが面接した。ある若者は、これまでまったく職業経験がなく、当初は「集金ってどうやって行くの？」という反応。それでも、回を重ねるごとに変化が感じられた。

「商店街の方たちは、若者が来るというので喜んでくださったみたいです」と、北川さんはうれしそうに言う。商店街の人たちやスタッフの温かい見守りや声かけが、彼の力になっていく。また、相座さんはこう強調する。

「最初は、いまは生活に困っていないし、漠然と〝働いたほうがいいのかな？〟という感じだったと思うんですけど、だんだん〝これは自分の仕事なんだ〟と責任をもつようになりました。何か質問すると、すぐに答える。毎週土曜の利用者懇談会でも、全体を見渡した発言ができるようになった。こういう経験は、サポステだけではできません」

職業体験を終えた後、彼はパートタイムの仕事に就いた。ただし、進路決定まで登録後一年が経っていたため、サポステ事業の「成果」にはならなかった。厚生労働省から求められる成果は、登録後六カ月以内に限定されているためだ。二〇一一年度からは、六カ月以降の進路決定者数を書く欄すらなくなってしまった。

サポステの予算は増えているが、評価は年々厳しくなり、たとえば三年連続で受託しようとする場合、対象地域のニート数(推計値)、のべ来所者数、進路決定者数に基づいて、委託費の上限が決められる。若者が自立へ向かう準備ができるまで待ってくれるわけではない。

また、仕事をする習慣を身につけ、スムーズに就労に移行させられるような仕事がたくさんあればいいが、実際には予算も仕事も限られていて、少人数しか受け入れられない。こうした課題を解決する一つの方策として、くしろサポステは、ステップアップの仕事を地域につくろうと考えた。必要なのは、サポステから就職するまでの、いわばクッションだからである。身だしなみ、接客、言葉使いなどを学ぶ中間的就労の場といってもよい。

3 ステップアップの場を地域に設ける

◆人とのつながりをどうつくるか

くしろサポステは二〇一〇年一月から、商店街やNPO法人などに呼びかけ、「仕事おこし懇談会」を行った。そこで提案されたのが、コミュニティ・レストランを中核にした「コミットプレイス陽だまり北大通」構想である。サポステに調理師免許をもつ組合員がいることも強みだった。

九月からは、懇談会を一〇人程度が参加する「陽だまり北大通立ち上げ実行委員会」と位置づけ直し、北大通のイベントに訪れた市民を対象に、アンケート調査を実施した。その結果、地元食材を使ったランチや軽食にはニーズがあることがわかる。そして、シカ肉餃子を試作したが、評価はイマイチだったという。その後も議論を続け、以下の三点に集約し、物件を探し始める。

①「まちの駅」としての機能をもたせる。

②一人暮らしのお年寄りの困りごとからニーズを汲み取って、買い物代行や電球の付け替えといったこまごまとした生活支援を事業とする。

③就労継続支援A型（障害者自立支援法で定められた事業。障がい者と雇用関係を結び、最低賃金の保障、社会保障の加入が義務付けられる）の指定を受け、障がい者の働く場にする。

地域活性化の基盤は、加藤さんが「コミュニティを求めて人が集まってくる。昔は、商店街はそういう性格のものだったでしょ」と微笑むように、人のつながりだ。

「能力主義と競争社会から取り残されるなかで、なんとなくおびえて、前に進めない若者が多い。また、人とつながることのわずらわしさがあって、直接会ってしゃべるより、携帯やネットでのおしゃべりやゲームでのつながりのほうがいいと考える。社会に出たら、他人とかかわらなければいけないんだけど、その経験ができていない。実際には、人と人との関係があるからこそ成長できるはずですけど」

そう語る北川さんには、新たな中間的就労の場で実現したいことがある。それは、支援する・されるという形ではない、「ざっくばらんに人生を語り合うというか、励まし合えるような場所づくり」。昔からもち続けている夢でもある。

北川さんは中学校で、「他人がいじめを受けているのを見過ごせない」という率直な思いで家族や先生を巻き込み、集会を開いて、いじめを解決しようとしたことがある。高校では、いじめられていた生徒や民間団体のおとなと一緒に団体を組織した。そこではボランティア活動をしたり、「夢学校」と名付けた居場所をつくる夢を語り合ったという。当時の思いはいまも変わらない。

「支援者というよりは一人の人間として、共に励まし合ったり、一緒に自立を考えるような付き合い方をしたい。ぼくが同じ立場だったら、一方的な支援はされたくない。それに、自分の将来を決定するのは自分だから。ぼくたちがしていることは結局、どう生きていくのかを考えることだと思う」

フリーサロンでは、利用者が昼食を作って食べるランチタイムや、掃除の時間を設けている。ささやかな取り組みだが、生活を規則正しくするきっかけになっているという。だが、社会の情勢は厳しい。北川さんは実感をこめて言う。

「釧路のように、即戦力が必要とされる中小企業が集まっている地域は、より就職がむずかしいでしょうね。また、求人はサービス業が中心なので、人との関係を築けないと見られると、まったく相手にされない」

くしろサポステに相談に来て、履歴書を書くなかで、ADHD(注意欠陥・多動性障害)の傾向があることがわかった若者がいる。大学卒業後、就職がうまくいかないことを、ハローワークや大学の対応を理由にしていた。サポステのスタッフに対してもささいなことで怒り、メールや電話で攻撃する。ところが、実際に会うとおとなしい雰囲気なのだ。本人の就労意欲は高いため、ハローワークを中心にサポステも連携しつつ、支援を続けている。

このように、サポステだけでの解決がむずかしいケースは少なくない。それでも、まず中間的就労の場をつくり、そこでさまざまな人とかかわりながら基本的な仕事を学ぶなかで、次に進める若者が生まれるだろう。

◆各地で工夫が進む中間的就労の場

労協連合会の加盟組織は全サポステの約一割を占め、年に数回の会議をもち、実践や課題を共有している。さまざまな問題をかかえ、すぐには就職に結びつかない若者の自立は、多くの地域で共通の課題だ。

たとえば新潟市では、長引く不況で、若者の職業体験を受け入れる余裕のある企業が減ったため、中間的就労の場を創出した。若者の課題を失業者の仕事づくりと結びつけ、厚生労働省の「ふるさと雇用再生特別基金事業」(地域の創意工夫で、失業者が継続的に働ける場を創出する。

二〇一一年度末まで)を活用したものだ。二〇〇九年一二月にイタリアンレストラン「茶の間」、翌年五月には地場産大豆を使用して豆腐や惣菜を販売する「とうふ工房まめこころ」をオープン。二〇一〇年度には、あわせて約一七〇人のサポステ利用者が接客や販売などを体験した。

「とうふ工房まめこころ」は二〇一一年五月、地元のテレビ局で「美味しい豆腐の惣菜屋さん」として紹介された。早速、翌日から行列ができ、五月の売り上げは六〇万円を超えたという。また、「茶の間」は、メニュー単価を切り下げ、そばやうどんを中心にした軽食喫茶としてリニューアルオープン。あわせて配食事業も検討するなど、工夫を重ねている。サポステ利用者がランチを食べに来たり、若者のたまり場としても機能しつつある。

このほか、一般就労へ向かう準備をする中間的就労の場は全国各地に広がっている。ワーカーズコープが運営するサポステを中心に、特徴的なものをいくつか紹介しよう。

①宮城県大崎市

サポステを始めた二〇〇八年から市の委託を受け、公園の維持管理を担っている。初年度は二カ所、二〇〇九年度以降は三カ所になった。年に四回の除草作業と二回の低木剪定の実習で、実習費五〇〇円が支払われる。また、毎年一人ずつ、公園のトイレなどの清掃をアルバイトとして担っている。

②東京都新宿区

二〇一〇年にサポステの利用者が区内二つの地域交流館(生活協同組合東京高齢協が指定管理

者として運営）で清掃の職業体験を開始すると、東京都浴場組合新宿支部から区内の銭湯の清掃事業を紹介された。地域交流館で職業体験をした若者のステップアップの場として、週二回一回一時間、交替で二人ずつ入り、最低賃金程度の時給と交通費で働いている。銭湯では、後継者不足や高齢化が大きな課題とされており、若者の働く場を探していたサポステとニーズが合致した。

③徳島県

サポステを運営する徳島県労働者福祉協議会が有機野菜の加工・販売などを行う会社と結び、二〇一一年四月に有機野菜の袋詰めの作業を中心にしたワーカーズコープの事業所が開設された。サポステなどから紹介された若者が組合員となり、午後に週五日、時給七〇〇円で働いている。中間的就労の場として機能するとともに、フードバンク（品質には問題ないが、印字が薄い、ラベルがはがれたなどの理由で市場で流通できない食品の寄付を受け、生活困窮者などに提供する活動）や職業訓練で事業を広げつつ、生計を立てられる仕事にしていく努力もしている。

④兵庫県豊岡市

雇用保険を受給できない長期の無業者などを対象とした基金訓練の社会的事業者等訓練コースによる職業訓練を、二〇一〇年一〇月から豊岡市竹野町三原地域の廃校を活用して開講。一般の離職者とサポステの利用者が参加した。高齢化率四〇％以上の山村である三原地域を若者の力で活性化したいという思いをもつ行政や地元企業、団体、農家と結び、独自の仕事おこしネットワーク会議を設立。地域に多い竹を使った竹パウダーでの仕事おこしや、廃校を活用した事業を考えている。周辺住民から差し入れを受けたり、まつりで交流するなど、地域に活気も生まれた。

4　支え合える職場

◇可能性を認め合う

こうして中間的就労の場をつくるなかで、新潟市と豊岡市で一人、大崎市では二人のサポステ利用者がワーカーズコープの事業所のスタッフになった。また、千葉県でワーカーズコープが運営していた若者自立塾（一六八ページ参照。二〇一〇年三月に廃止）からは、二人の卒塾生が若者自立支援や事務の職を担ってきた。

ワーカーズコープが根本理念とする「七つの原則」には、人と地域に役立つ仕事をおこし、すべての人びとが協同し、共に生きる「新しい福祉社会」を築くことが使命として掲げられている。また、労協連合会を含めて九三カ国二四九団体が加盟し、世界最大のNGO（二〇一一年三月現在）といわれる国際協同組合同盟（ICA、本部ジュネーブ）は、「協同組合は、自発的な組織である。協同組合は、性別による、あるいは社会的・人種的・政治的・宗教的な差別を行わない。協同組合は、そのサービスを利用することができ、組合員としての責任を受け入れる意思のある全ての人々に対して開かれている」(日本生活協同組合連合会ホームページ)という第一原則をもつ。

そして、労協連合会の古村伸宏専務はこう強調する。

「協同労働では、労働者は被雇用者となるのではなく、自分たちで経営し、自ら仕事の質を高めていく。そういう考え方に基づくとき、個人の存在や可能性を認め合うことが前提になる。ニートだったり、メンタルヘルスを損なっていたりすると、社会的には排除されがちだが、排除する社会というのは、いまの雇用労働の世界。協同労働という切り口で、社会の側を変えていかなければならない」

相座さんに、職場内での居場所をなくし、再就職をむずかしくさせたのは、子どもをもちながら働くことに抵抗する根深いジェンダー観や、一人で育てにくいという社会の限界だった。北川さんも、「身体障がいのある人を受け入れた経験のない企業が多くって」と、高校卒業後の就職活動での苦労を話す。

◆一人でかかえこまない

二〇一〇年六月、三人目の子どもを妊娠した相座さんは、くしろサポステを辞めようと思っていた。そのときの心境をこう振り返る。

「スタッフの人員体制を考えると、産休を取って戻るというのが申し訳なく、情けない気持ちでした。赤ちゃんができると、いままでのようには働けない。それなら長い時間働ける新しい方が入ったほうがいいと、葛藤していました」

相座さんと話し合った北川さんは、彼女に仕事に戻りたい気持ちがあることがわかった。

「ここは協同して働く場所だから、何らかのハンディがあるなら、それをどう周囲がフォローできるかという視点が一番大事だと思います。育児との両立は大変かもしれないけれど、仲間を信じて、協力を頼まなければならないときは頼めばいい。そして、自分が支えられるようになったら、しっかり支えてくれればいいんじゃないのかな」

実際、相座さんには日常的に支えてくれる仲間がいた。個別相談で利用者を真正面から受けとめようとすると、かかえきれなくて落ち込んでしまう場合もある。そんなときは、いつも誰かが気づいて声をかけた。産休に入る際には、スタッフたちが「待ってるよ」「がんばってるからね」と励ました。

一方で、北川さんは二〇一一年度から、労協センター事業団の人事で北海道東部（十勝、釧路、根室、網走地域）のエリアマネージャーを務めることになる。そこで、くしろサポステで北川さんが担っていた総括コーディネーターを誰が次に務めるのか決めなければならない。話し合った結果、現場の組合員の総意として相座さんに決まった。

「相座さんは、一人ひとりの支援に熱心に取り組む姿勢が強く、利用者が目標にするような

存在ですから」（北川さん）

ただし、相座さんは困惑した。

「子どもを預けることになるから、午後七時までには迎えに行かなければなりません。残業はできないし、出張にももちろん行けないし、現場責任者なんて無理です」

だが、スタッフ全員がフォローを約束した。

「サポートしてくれるし、すごく理解がある。こういう職場ってないなと思います」

結局、相座さんは二〇一一年四月に現場に戻り、総括コーディネーターの役割を担った。

くしろサポステがつくった二〇一一年度事業計画の「働く仲間との協同」の重点目標と運営目標には、こう書かれている。

「一人にしない――個人で抱え込んでしまわないよう、ささいなことでも話せる関係を築く」

「これまでの経験を活かし、対象者・利用者はもちろん、働く自分たちが『ここに来てよかった』と思えるサポステを目指す」

そこには、相座さん自身の仲間への感謝の気持ちがこめられている。外勤でどうしても遅くなってしまったとき、ほかのスタッフが代わりに子どもを迎えに行ってくれたことがあった。

「私だけでなく、いろいろな職場でさまざまな経験をしてきたスタッフがいます。仲間と協力して、自分の力を発揮できるような働き方をしてほしい」

利用者との関係を築くうえでも、気軽に話し合える仲間の存在は欠かせない。

「自分だけでは処理できない場合もあり、一人でかかえこむと答えが見つかりません」（相座さん）

「ふざけてるって思われるかもしれないけど、事務所ではいつも冗談を言い合ったりしています。利用者の可能性を見つけるのはスタッフしだいで、スタッフのテンションが下がれば、利用者も下がる。利用者の変化をスタッフが一緒に喜びたい。それには、スタッフが仕事を楽しんでいることが大事です」（北川さん）

◇自分の関心と仕事がつながる

垣根をつくらない関係性のなかから、仕事おこしの意欲やアイデアも生まれてくる。

くしろサポステを含む四つの現場からなる労協センター事業団釧路事業所では、二〇一〇年二月から三カ月間、ホームヘルパー二級養成講座を中心とした離職者向け職業訓練を行った。サポステ職員は全員、講師として参加。訓練生同士で意見の言い合える関係づくりに重点を置き、釧路市の現状や課題、なぜ「無縁社会」が出現するのかなどを考える機会を設けたり、地域で仕事をつくってきた人たちの経験談も盛り込んだ。こうして、訓練生自身が問題意識をもつと同時に、働く意欲を引き出そうとしたのだ。

終了後には、訓練生七人が出資を決意し、労協センター事業団の組合員の増資にも助けられ、二〇一一年九月に地域福祉事業所「ぽっかぽか」を立ち上げた。草刈りや病院の付き添いなどの生活支援事業、デイサービス事業を行う。

「訓練生にも働く女性が多いから、どうしようもないときは、子どもを連れてきて働ける場をつくったらいいいんじゃないの、って話しています。もちろん、子育ては女性だけの問題じゃありませんけど」(北川さん)

また、相座さんは「私自身に興味をもってもらえて、一人の人間として話せる場所」を新たに見つけた。それは、彼女にサポステを紹介したハローワークの職員に教えられたキャリア・カウンセラーの学習会である。

「キャリア・カウンセラーの仕事は、いまサポステに来ている人たちにも関係しています。サポステには常駐していませんが、こうしたネットワークがあれば、利用者の相談を受けてもらえるでしょう」

くしろサポステで働くまでの相座さんは、自分自身と仕事の目的や関心が重なることはなかった。だが、いまは違う。

「仕事に行くのがイヤじゃない。これに尽きるなと思います」

〔原戸僚子〕

現場からの声

菜の花プロジェクトで若者に働く場を（千葉県芝山町）

働く場が見つかりにくい若者たち

労協センター事業団芝山事業所（千葉県芝山町）は、厚生労働省から受託した若者自立塾（若者職業的自立支援推進事業）や合宿型若者自立プログラムを通じて、ニートやひきこもりと呼ばれる若者の自立就労支援を行ってきた。たとえば後者は、三カ月間の合宿生活を行い、生活のリズムを取り戻す。そして、さまざまな体験をとおして心をときほぐし、仲間と出会い、生きる自信をつけていくことをめざしている。

しかし、履歴書に一定期間のブランクがあるため、合宿終了後に就労場所を確保するのは容易ではない。また、運よく仕事が見つかっても、長く続かないケースも少なくない。私たちは、若者たちが意欲をもって働ける仕事を自前でおこさなければならないという想いに駆られていた。

廃食油を回収してＢＤＦを製造

芝山町は成田空港が近く、飲食関係の事業所が多い。そこで、空港内の飲食店や周辺ホテルなどから出る廃食油を回収してＢＤＦ（バイオディーゼル燃料）を製造しようと考えた。さらに、空港内の遊休地での菜の花の栽培、菜種油の販売、ＢＤＦのバス・トラックの燃料への利用という地域循環システム、そしてミツバチを放しての蜂蜜採取へと、夢が広がっていく。

この構想は芝山町の町長・副町長の共感を得られ、成田空港株式会社を紹介していただいた。私たちは事業の意義を飲食店やホテルをまわって説明し、いまでは成田空港内の飲食店一三店舗、機内食工場一社、周辺ホテル四社、その他飲食店三店舗から廃食油を回収し、BDFを製造している。二〇一一年五月からは、成田エクセルホテル東急の送迎用バスの燃料への利用も始まった。

東日本大震災後には、被災地で軽油の代替燃料として使ってもらおうと、急ピッチで準備。協力団体からも購入して、全国から集めた物資とともにトラックで運んだ。

なかには、仕事が合わずに途中で辞めた若者もいる。それでも、周囲の人びとから精製や農業の指導をしていただき、今日まで続けてこられた。事業規模が小さいため、まだ若者は二人が働いているにすぎないが、地域と協同しながら進めている。今後は農業、農産物の販売も行う農家レストランの運営など複合的な事業とし、ネットワークをより広げて、さまざまな人が働ける場所としていきたい。

BDFプラントで働く二人は若者自立塾の第1期生と第2期生だ

〈湯本理沙〉

6 買い物難民を救え

長野県諏訪市

1 買い物ができない

◆老舗百貨店の閉店

全国の地方都市で、大型商業施設の撤退や中心市街地の空洞化が指摘されている。長野県も例外ではない。二〇一〇年一二月、諏訪《すわ》地方で唯一残っていた「まるみつ百貨店」(従業員約一七〇人)が、業績不振を理由に二月二〇日で閉店すると報道され、諏訪市民はもちろん長野県全域に大きな衝撃を与えた。

一九六五年にJR中央本線上諏訪駅前に開業したまるみつ百貨店は、最盛期の年間売り上げが九〇億円。諏訪市の商業シンボルとして長く繁栄を誇ってきた。屋上に天然温泉施設がある百貨店としても知られ、長野県外からも家族連れが訪れていたという。だが、近年の売り上げは三〇億円を切るようになっていた。二〇〇四年には会社更生法を適用し、再生を図ったものの効果はなく、ついに四六年の幕を閉じることが決まったのである。

シャッターが閉まったままのまるみつ百貨店

その兆候はあった。長野県では上田駅前や岡谷市中心部で大手スーパーが撤退し、市街地の空洞化が次々と起きていたからだ。

大型店舗の閉鎖は、そこで働いていた人たちの失業を意味する。まるみつ百貨店でも、閉店と同時に七七人の従業員が解雇された。地元で働きたくても、吸収できる企業は限られている。「県外に出て行くしかないだろう」とは、地元の人の言葉だ。

いつまでも開かないシャッターを見て、地元の人たちは「もう二度と開かないんですね」とため息をついていた。跡地の再生も、駅前周辺の活性化も、見通しはたっていない。

◆途方にくれる高齢者

「まるみつがなくなったら、どこで食べものを買ったらいいのか」

「運転できないし、買い物にも行けない」

まっ先に危機感を抱いたのは、高齢者である。皮肉なことに、まるみつ百貨店が高齢の買い物客のニーズに応えて地下の食料品部門を強化したために、中心街からは食料品店が消えた。その結果、買い物に不自由する大量の買い物難民(弱者)が生み出されたのだ。

買い物難民とは、小売店の撤退によって日々の食料品や日用品の購入に困る高齢者や障がい者などを指す言葉だ。それは農山村に限らず、首都圏をはじめとした都市部にまで広がり、自治体ではその対策が緊急の課題になっている。「地域生活インフラを支える流通のあり方研究会」(経済産業省)の推計(二〇一〇年五月)によれば、六〇歳以上の高齢者の買い物弱者は全国で約六〇〇万人にのぼる。長野県内では五~八万人と推定され、買い物に不便を感じている人は二〇万人近いと言われる。

遠くまで行かないと、買い物できない。買い物ができても、大きな荷物を持って帰るのが辛い。宅配は慣れないし面倒だ。近くに店があれば、知り合いと話もできるのに……。とりわけ都市部では、孤独が際だつようになっている。まるみつ百貨店の閉店が決まってから、諏訪市が駅前周辺の高齢者を対象に行ったアンケートでは、九割近い人たちが「新しい店が駅前にできたら利用する」と回答していた。

まるみつ百貨店に隣接して、スワプラザというショッピングセンターがある。当時ここにも一〇を越える空き店舗があった。まるみつ百貨店が閉店する前にスワプラザで食料品店を開店できないかと考えた諏訪市は二〇一一年一月下旬、ＪＡや生協、大手スーパーなど合計七カ所に、「三カ月間の家賃を市が補助する」という条件もつけて出店を打診する。しかし、「それ以降の見通しがたたない、採算がとれそうにない、店舗が狭くて効率が悪い」などを理由に、すべて断られたという。

2　急展開で出店へ

◇地域と人の役に立つ仕事なら労協がふさわしい

諏訪市が頭を痛めていた二月二日、日本労協連に加盟する企業組合労協ながの（以下「労協ながの」）の現場である諏訪共立病院の清掃現場責任者・黒沢幸乃《ゆきの》（一九五五年生まれ）が諏訪市役所を訪ねたことから、事態は一気に動き始める。

黒沢が市役所を訪ねたのは、前日の現場運営委員会で、まるみつ百貨店の閉店が話題にあがり、「病院内の売店をやっている経験から、何かできないか」という意見が出されたためだ。「とりあえず、どんな状況か聞いてみよう」と、商工課の担当者に軽い気持ちで聞いた。「新聞報道で、まるみつ百貨店が閉店するという話を聞いた。私たちも困るし、買い物弱者の支援をしてもいいという話も出ている。いまどんな状況なのか」

すると、担当者は「それはありがたい。新店の出店を予定している現場を見てほしい」と言う。そのままスワプラザの一階に案内され、熱心に要請された。

「地域のためにぜひ、出店してほしい。できれば、まるみつ百貨店が閉店する翌日の二一日にオープンできませんか。三カ月間は市が家賃や光熱費を負担します。それ以降は、みなさんと相談して決めたい。ぜひ地域のお店として開店してください」

「出店するとは言っていないのに」と気持ちの準備もできていなかった黒沢は、断るつもりで担当者に答えた。

「いきなり三週間後に開店してほしいと言われても無理です。一応みんなに相談はしてみますが」

現場の組合員に話しても、「素人ばかりでできることではないでしょ」「補助が期間限定では危険が大きすぎる」と、当然ながら否定的な意見が多い。三日後の二月五日には、断りの電話を入れた。すると、担当者は今度はこう言った。

「三カ月といわず、その後も協力するので、改めて検討してもらえませんか」

また、黒沢の話を商工課から聞いた諏訪市商工会議所や、出店する店舗を管理するスワプラザからの「開店の手伝いもするので、ぜひ出店してほしい」という強い期待もあった。そこで、労協ながの南信事業所の海野隆司《うんのりゅうじ》所長(労協ながの副理事長、一九六八年生まれ)を含めた事業所運営委員会で再度検討する。青木健理事長にも相談した。ただし、現場では不安の声が出た。

「時間がなさすぎる」

「清掃現場の人手不足も解消していない」

だが、海野はいささか理屈っぽくなっていると思いながらも、組合員を説得した。

「高齢者の買い物弱者は閉店翌日から困る。何らかの支えがないと生活ができない。地域と人の役に立つ仕事なら、労協がやるのがふさわしい。労協は、いつだってゼロから仕事を始めてきた。それに、これからの仕事の拡大にもつなげていける」

海野がそう強く言い切れたのは、病院清掃や売店の現場などで長く受託業務を続けてきた経験があるからだ。委託先の要望に合うように「よい仕事」をしてきたつもりでも、契約改訂期になると、決まって、契約金額が高いか安いかだけで判断されてしまう。「一事業者」扱いされ、忸怩たる思いを重ねてきた。

このままでは、「地域と一緒に豊かな暮らしをつくりたい」という労協の姿が地域に見えない。自分たちの思いや理念が活かせる自前の事業を展開したいというのが、長年もち続けてきた強い願いだったのだ。

しかも、開店を引き受ける気運はあった。労協ながのでは、現場ごとに仕事おこしの事業計画をつくる取り組みを進めていて、地域住民がどんなニーズをもっているかの調査もしていたからだ。その事業計画には、「買い物に行けない高齢者等の買い物代行サービス」もあった。そうか、もともと自分たちがつくってきた計画を少し大きくしただけだ。これなら、できるかもしれない。

◇準備期間はわずか一〇日間

こうして商工課の再度の要請を受け入れ、二月八日の業者説明会で出店の意向を表明した。黒沢が最初に市役所を訪ねてから、わずか六日後である。そして、一〇日には出店計画案をスワプラザに提出する。市役所では、行政の公的支援を行いやすくするために、上諏訪商店街振興組合を事業主体として、労協ながのに事業委託した。

海野や黒沢は本来ならば月一回の定例理事会で合意して進めたかったが、緊急を要する課題であり、常任理事の確認で受託を決定した。黒沢が言う。

「労協ながのは病院の売店をやっているし、全国の仲間がいろいろなことをやっているから、できるかもしれない。私も人や地域に役立つ仕事をしたいし、労協の協同労働ならできると思った」

「やる」と決めた以上は、なんとしても成功させ、継続したい。そうしなければ地域の人が困る。それからの一〇日間は、海野所長が「死ぬ思いをした」と言うほど超多忙な日々が続いた。本部事務局や他の事業所の応援も受けて、南信事業所の全力をあげて開店準備に取り組んでいく。労協ながのの理事長の青木健も泊まり込んだ。

地元にこだわる店づくりをしたいと、海野と店長の増田收人《かずと》(南信事業所運営委員)、病院売店現場責任者の宮坂八千代がまるみつ百貨店の納入業者を次々に訪問したのは、開店一週間前だった。手元にあるのは、一枚の商店街の地図だけ。パン屋、八百屋、総菜店、豆腐屋、米屋、花屋など、まるみつ百貨店に出店していた二三軒の事業者を二日間で訪問したが、反応は芳しくない。

「労協ながの？　聞いたことがないですねえ」

「そんな小さな店には、利用者は定着しないよ」

「突然来られて、一週間でお願いしたいと言われてもなあ。決断つかないよ」

だが、ここで引くわけにはいかない。気持ちを切り替えて再度訪問し、食い下がった。

「なんとしても地域を活性化したいので、協力してください」

結局、二〇軒の事業者（現在は三〇軒）が納入を了解する。さらに、まるみつ百貨店には出店していなかった地元で名の通った惣菜店を四回訪問し、出店を決意してもらった。

労協ながのでは、食料品店の運営は未経験者が多かったが、病院の売店を担当している組合員が大きな力を発揮する。高齢者がゆっくりできるようにと、店内に憩いのスペースを設け、一机と椅子を置き、おしゃべりしながらお茶も飲めるようにした。みんなが知恵を出し合い、一つひとつを吟味していき、ようやく準備が完了したのは、開店当日の明け方近くだ。

併行して新聞広告で販売店員の募集広告を出すと、「地元で働きたかった」という女性たち一二人が応募。そこから五人を選んだのは開店前日で、こちらも本当に綱渡りだった。

営業時間は一〇時から一九時、休日は水曜日だけで、午前・午後の二交代五人体制（常時二名で対応）だ。店名は「まるや」。まるみつ百貨店の「まる」を活かし、店に来ても家に帰っても「まんまる笑顔」でいてほしいという思いを託した名前である。

3 顔が見える小さな商店街

◆順調なスタート

こうして二月二一日、二二坪（店舗一七坪）の小さな食料品店「買物毎日まるや」が華やかにオープンした。行政からの期待も高い。開所式では山田勝文諏訪市長が挨拶した。

「駅前に安心できる買い物支援のお店ができました。地元の労協ながのさんが手を挙げて、オープンしてくれました。うれしいことです。まだ始まったばかりですが、地元のみなさんと一緒に応援していきたい」

久しく開店などなかった地域であるうえに、買い物難民への対策という目的があるから、マスコミも駆けつけた。スワプラザは久しぶりの賑わいを取り戻す。

一〇時の開店時刻には、待ちかねた四〇〇人以上の高齢者や若い夫婦、会社員が詰めかけた。上諏訪商店街振興組合やスワプラザなどの協力で、棚には野菜、果物、弁当、パン、お餅、総菜、牛乳、バターなど約一〇〇種類が並んだ。地場産の大根、人参、キャベツなどの野

オープン当日、大賑わいのまるや

菜は、新鮮だ。

前日に届いたレジの機械は、あまりの酷使のためか途中でいうことをきかなくなる。「こんなときに限って」と計算に必死のスタッフ。お昼には弁当やパン、イチゴなどが売り切れ、店長の増田は「どれだけ仕入れたらいいのか読めない」と悩みながら、あわてて追加注文する。

「魚はないの?」と増田が聞かれた。残念ながら、食品営業許可証の取得と衛生上必要なケースが間に合わず、魚と肉は並んでいない。それでも、地元の業者と提携して、注文があれば専門店から自宅まで届けられるようにした。ただし、「魚も肉も実際に見ないと注文できない。早くそろえてほしい」と要望され、次の展開を考えることにする。スワプラザを管理運営するスワプラザ開発の担当者・若御子《わかみこ》弘も、全面的に協力していくつもりだ。

「開店前の一週間、海野所長や労協ながのさんが死ぬ気でがんばってくれ、本気を感じました。たくさんのお客さんから、肉や魚も並べてほしいと要望されたので、空いている隣のお店を改修して拡張し、肉や魚を置くことを考えたい」

閉店時間の一九時まで、終日にぎわうお客さんにどうにか対応。初日の来店者（レジを通った人）は四〇〇人、売り上げは約二二万円だった。

「お客さんがどれだけ来てくれるのか心配で、睡眠不足になった。でも、たくさん来てくれてほんとによかった」と、みんなの顔がほころんだ。

買い物客の反応も上々だ。

「思ったより品物があるのね」

「まるみつで買い物していたので、これからどうなるかと心配してたの。お店ができて、ほんとによかった」

「まるみつの閉店で友だちと会えなくなったのが寂しかったけど、これでまた会えるわ」

「小さいお店だから、売り子さんの顔と品物を見て買い物ができるのがうれしい」

「もうすこし小分けにしてほしい」という注文もあった。

高齢のお客さんが多いからだ。そうした声をやりとりできるのが、なによりうれしい。交流の場をつくった意味もそこにある。

新聞やテレビの効果もあってか、二日目の二二日は来店者三五〇人、売り上げ約二三万円。

二三日は水曜日なので休みで、二四日は「お客さんが減るかな」と思った。ところが、来店者こそ三二一人とやや減ったものの、売り上げは約二二万円と初日と同じ。うれしい計算違いだった。

地域の課題と向き合う労協ながのだからできた、「顔の見える店、駅前の台所」。それを通じて地域を活性化し、店内を「小さな商店街」としたい。利用者の声でつくる店、地域と一緒になってつくりあげる店が、コンセプトだ。出店した惣菜店の売り上げはまるやに入る前の数倍になり、ご主人は忙しそうだ。スワプラザの他店の売り上げも、まるやがオープンしてから増えている。まるやの隣の空き店舗には和食店が入った。

◆うまくいかなかった買物サポータータクシー

諏訪市の高齢化率は三六％、一人暮らしの高齢者も増えている。車を持たない高齢者が一番困っているのは、食料品などの日用品を買う店がないことと、外へ出るときのアクセスがないことだ。郊外には大きなスーパーがあるが、車の利用を前提にしているので、近くにバス停はない。

そこで、諏訪市は高齢者のために、まるやの開店と同時に、上諏訪駅に近いスーパー四カ所をつなぐ「駅前緊急買物サポータータクシー」(往復四〇〇円)を開始した。高齢者は、バスで駅までは来られるが、そこから先の足がないからだ。ただし、一部の店舗に税金を投じるという批判も予想されるので、一定期間の試験的運行とした。

午前・午後の二便をタクシー会社に委託して運行。旧まるみつ百貨店前を起点に、スーパー四カ所を周回する仕組みで、一日の利用者を八六人と想定した。ところが、思うように客足は伸びない。開始から五〇日間で、のべ利用者は二三八人。一日平均四・八人だ。利用が少ないのは、次のような理由だ。

往復にかかる四〇〇円で、まるやで買い物ができる。タクシーが来るまで長い時間待つのは辛い。スーパーと駅の往復だけで自宅までは行ってくれないから、重い荷物をもって帰らなければならない。

結局、リピーター客はいたものの、六月で中止となった。

4 労協の理念の結実

◆周囲の高い評価

まるや開店までの数日間、泊まり込みで陣頭指揮をした青木理事長は、理事会での議論を行えなかった経緯を、苦笑しながら「三つの勝手、もしくは三つの決断かな」と話す。

「第一は、現場責任者の黒沢が討論した翌日ひとりで自治体を訪問したこと、第二は理事会にかけないで開店を決意したこと、第三は理事長が独断で承認したことだ」

五月に開かれた労協ながのの総会でも、厳しい指摘があった。

「組合員がテレビや新聞を見て、初めて開店を知った」

「海のものとも山のものともつかない事業に投資をした。理事会の承認も受けていないで見切り発車とは、どういうことか」

これに対して、原山政幸専務は強い口調でこう述べた。

「緊急の出店なので、理事会の事後承認となりましたが、地域の切実な要望や自治体からの要請に、労協だからこそ応えられたと思います。むしろ、市民や地域の要請に応えることを判断基準にして、それを決断し、やりきったと評価していいと思います。現場の組合員たちは、一年間かけて自分たちの思いを五三の『仕事おこし企画書』に書き込み、仕事拡大の行動に挑戦しました。その典型が、まるやの開店です。自分たちのつくりあげた事業計画を現実のものにしていくことで、労協ながのの新しい展望が拓かれていくと思います」

実際、まるやの開店はマスコミでもインターネットでも好意的に取り上げられ、労協ながのの知名度は著しく高まった。地域で起きている問題に的確に対応する組織という認識も、生まれている。総会に来賓として参加した諏訪商工会議所の小泉正男さんは、こう激励した。

「いままでは、この地域で労協ながのとまるやを知らない人はいないと思う。二月までは、私も労協をまったく知らなかったんですが(笑)。まるやの四月末までの来店者は、一万五〇〇〇人を超えました。一般の企業に頼んでいたら、どうなっていたか。もう撤退していたかもしれません。労協ながのは、モノを売るだけではなく、地域のみなさんと一緒になって地域を豊かにしていく組織だと聞きました。地域の高齢化率は、これからもますます高くなります。単なる買い物の店ではなく、声をかけ合ったり、おしゃべりしたり、笑顔で元気になるお店ができたのが、うれしい。労協ながのがまちを支えています。長く続けてほしいし、これからも応援します」

◆仕事おこしへの賛同

労協ながの（事業高約七億七〇〇〇万円、組合員二七八人）は一九八〇年八月、失業者たちが集まり、長野高校のトイレ清掃から始まった。いまでは、指定管理者制度によって運営する温泉施設、コミュニティ施設、児童館などの公共サービス事業、介護や配食、福祉などの地域福祉事業、ビルメンテナンス、病院清掃、売店、若者サポートステーションなどの若者支援、失業者支援の職業訓練事業などに仕事の範囲を広げている。長野県下に三つの事業所と六五の現場がある。

三〇周年を迎えた二〇一〇年には、「仕事おこしの協同組合」であることを鮮明にしようと、全現場で前述の「仕事おこし企画書」づくりに取り組んだ。当初は「とりあえず、つくっとくか」という現場もあったようだが、労協ながの本部は「自治体や地域に出て、自分の言葉で説明しよう」と提起する。

それを実践するなかで、企画が練り直され、より具体的になった。「久しぶりに仕事おこしの議論が白熱した」「いろいろな企画が持ち込まれ、絞り込むのに苦労した」と、本部がうれしい悲鳴をあげるほどで、自治体訪問にも組合員が積極的に出かけたという。まるや開店のきっかけになったのは、各事業所のこうした仕事おこしへの高まりである。

一方で、全国で進められている協同労働の協同組合の法制化を求める賛同署名にも熱心に取り組み、県内全自治体で賛同を得た。諏訪市の山田市長も、「この法律ができれば、四人の出資で、自分たちと地域に必要な事業をおこせます」という説明を聞いて、賛同し、こう話していたという。

「これからは地域密着型の事業が必要。その法律ができれば、いろんな仕事がおこせるだろう。法制化が早く実現してほしい」

こうした積み重ねで、さまざまな反響が起きている。その一例を紹介したい。

「会社の後継者育成に失敗した。若者支援に取り組む労協ながのに期待している。事業譲渡ができないか」（松本市の食品製造会社）

「人材が安定しないので、協同労働の働き方で再建したい。協力してほしい」（小布施《おぶせ》町で宅老所を運営するＮＰＯ法人）

「テレビや新聞報道を見て、協同労働しかないと思うようになった。地元で職業訓練の開催準備を始めるので、一緒にやりたい」（諏訪市の男性）

この男性は、労協ながので職業訓練事業の運営に携わった。いまは他の事業所で介護職に就

リニューアルして高齢者によりやさしい店をめざす

いているが、連絡を取り合い、協力関係にある。
このほか、東日本大震災で被災した福島県双葉町の住民を受け入れ、二人が清掃現場とレストランで、それぞれ働いている。

5 地域の共同財産

◇リニューアルオープン

七月二八日、まるやはリニューアルオープンした。売り場面積を二倍に広げ、店内通路を広くし、取扱商品を大幅に増やしたのだ。日常の食料品なら、ほぼそろうという。開店当時から強い要望のあった肉や魚の販売も開始した。高齢者が買いやすいように、要望に応じてパックで小分けして、渡すようにしている。海野は張りのある声で言った。

「出店当初から、地域と運命共同体と考え、この店を通じて地域を元気にしたいと考えてきました。その役割を少しだが果たせたかなと思う」

リニューアルにあたっては、「利用者の声と共に歩む店」という目標を再確認。高齢者の毎日の生活を支えるという点から、仕入れ事業者と話し合い、品ぞろえを見直す。たとえばお菓子やパンは、高齢者が食べやすいように、軟らかいものに変えた。また、まるやが広く知られるようになった関係か、野菜は地元農家が持ち込んでくれる。そして、長野県全域からクッキーや調味料などを取り寄せるようにした。

まるやが元気なためばかりではないだろうが、スワプラザの空き店舗には和食店や画廊、小物の店などが開店し、大半が埋まった。「共存共栄だね」と地域の方から言われるし、「久しぶりに人がこんなに並んでいる光景を見た」という声も聞こえてくる。通路の長椅子でひと休みしていた七〇代後半の女性は、こう話した。

「一人暮らしです。たまにスーパーに行って買うと、量が多すぎて食べきれません。ここなら毎日来られるし、人の顔を見るのが楽しい。食べものも新鮮でおいしい」

「ここがないと生活はできない。もう生活の一部だよ」と、毎日来る人もいる。夕方からは通勤者や学生が訪れる。若御子は「一階にまるやができて、全体が賑やかになったと思う」と言っている。

◆利用者を増やし、生活を支える仕事をおこす

ただし、課題もある。行政からの支援は予定どおり三カ月で打ち切られ、家賃が発生するようになった。高齢者の日常生活に定着しているためか、土曜・日曜よりも平日が賑わうのだが、水曜日は全館一斉休館なので営業できない。増田には危機感もある。

「開店当時の利用者は平均三〇〇人だったが、六月は平均二一〇人に下がった。利用者の要望に応えてのリニューアルで、食料品が充実したけど、一人あたりの購買額は七〇〇円くらいで、開店当時とそんなに変わらない。今後は利用者や地域と一緒につくる店にこだわり、いっそう利用者を増やしていきたい」

応援団の小泉の激励は、変わらない。

「直接お客さんの声が聞けるのが、こうした小さい店の強みだ。それを活かさないといけない。仮にここで四〇〇人の声を聞いたら、買い物難民一三〇〇人の三〇％の声が聞けることになる。そのニーズから新しい仕事も生まれてくるだろう」

海野は、店舗の充実と同時に、地域の高齢者や障がい者の生活を支える事業を考えている。一〇月一日からは、高齢者宅をおもな対象に、病院の清掃現場とも協力して、生活支援の便利屋「まるすけ」を開始した。地元の水道工事店や畳屋、電気屋などに協力を呼びかけている。一一月からは『まるや知り合い新聞』も月一回発行する。買い物代行や草むしり、ハウスクリーニングなど仕事の可能性は広いはずだ。

「まるやの開店には、他の事業所からも応援が来て、みんなが手弁当で汗を流した。ここには仲間の思いと汗、それに資金が詰まっている。なんとしても継続させたい」

上諏訪駅をはさんだまるやの反対側にはマンションが立ち並び、高齢者も少なくない。しかし、駅の長い殺風景な階段を歩かなければならないこともあって、ほとんど買い物にはこない。マンションから外に出ない高齢者も増えているようだ。本当に地域に必要な店になるためには、このマンション住民が利用できるように工夫しなければならない。

「まるやに来られる人は、まだ元気な人。来られない人もいるよ」という声もある。それに応えようと、まるやで販売している食品の配達や配食事業も検討している。以前はカレー店だったので厨房施設があるし、組合員には調理師や栄養士がいるので、十分に可能だ。

八月には地域懇談会を開いた。パン屋、無農薬野菜の生産者などと、まるやの利用者、南信事業所の組合員が集まり、意見を出し合ったのだ。海野はまるやをなぜ出店したかの思いを述べ、利用者からは率直な意見が寄せられた。

「無農薬野菜やパンをアピールするために、もっと見栄えをよくしてほしい」

「商品説明を要領よくしてほしい」

「出店している業者間の懇談会を、まるやが主催してやるべきだ」

これらの意見に対応していくことが今後の課題である。

◇地域の拠りどころをつくる

海野は顔をほころばせながら話した。

「買い物はじめ地域のライフラインが断たれようとしているいま、そこに挑戦することで、地域や市民から評価されるようになった。私たちが言ってきた『よい仕事』の価値を高められたと思う。ここを拠点に、さらに攻勢をかけていきたい」

食料品店の運営は、労協にとって全国的にも初めての経験だ。地域の困難に立ち向かうなかで、労協が培ってきた、よい仕事と協同労働の経験と理念をさらに広げていく必要がある。その結果として、豊かに暮らし続けられる地域がつくられる。日本労協連の永戸祐三理事長は、こう強調する。

「まるやの試みは、一つのスーパーが撤退して別のスーパーが進出したということではない。新しいスーパー的な拠りどころを地域の共同財産としてつくる挑戦ではないか。だから、運営や経営も含めて、どうしたらまるやが成り立つかを地域に大胆に提案していく。さらに、それを成り立たせる経営を社会連帯経営として位置づけ、地域の人たちが主体となる取り組みが必要だ。

まるやをひとつの生活圏として捉えれば、そこに集まる人や地域にある知恵や資源が見えてくる。地域の人たちとそれを組みたて、自治体などにも大胆に提案していく。その拠点となる役割がある。一方で、利用者に労協ながのが清掃している病院を紹介したり、地域の特産品をまるやをとおして全国に届けるなど、経営面でのさまざまな工夫も求められている」
　諏訪市で始まった小さな食料品店の大きな実践。それは、地域を守り豊かにしていくのは地域と市民であるということを改めてはっきりさせた。営利を自己目的化する資本は、買い物難民には決して対応しない。まるやを地域の共同財産にするというのは、単なる店舗の維持にとどまらない。その成功は、地域や市民が当事者になり、地域をつくり直していくモデルとなるだろう。

〈川地素睿・海野隆司〉

◆まるやのその後

　二〇一四年一二月二八日、ビル耐震強度補修の問題からスワプラザが閉鎖となり「買物毎日まるや」も閉店。継続を望んでいた諏訪商工会議所の尽力で移転場所を確保し、七カ月後の二〇一五年八月八日「新生まるや」が開店。毎週の商店街朝市・小学校の社会見学・絵画／書道展示会・そば打ち会やクリスマス落語会・養護学校生徒職業体験・フードドライブ・立石／桜が丘地区への出張販売と地域懇談会など多岐にわたる社会連帯活動を展開。しかし経営は厳しく二〇一七年に閉店。その後、まるやのつながりから始まった温泉寺子ども食堂は現在も継続、多くの子どもたちが参加し、また就労困難な方々の社会参加・就労体験の場となっている。

現場からの声

高齢者が始めたコミュニティ食堂（福岡県北九州市）

結婚を申し込まれた

婆ばーえがおは二〇〇六年一二月に北九州市門司区のひなびた商店街の入口に七〇代の女性四人で開いた、食堂兼惣菜店である。周辺地域は高齢者が多い。彼らが休憩がてら立ち寄り、食事したり惣菜を買ったり、ビールやお酒も飲めるような、楽しいたまり場をめざした。家に閉じこもりがちな男性の高齢者を外へ引き出す狙いもある。

バスで週一回通ってくる八四歳の一人暮らしのおじいさんに、結婚を申し込まれたことがある。私が少しずつ距離をおくようにしているうちに、夜中に亡くなられているのをヘルパーが発見した。穏やかな死に顔だったのでホッとしたが、もう少し優しくすればよかったという後悔も残っている。

二〇〇八年からは門司区の訪問給食（約九〇食）を受託して、忙しくなった。清掃を受託している門司メディカルセンターからも、医師や看護師さんのお弁当の注文がある。八坪しかない狭い厨房で、お弁当と惣菜（鶏肉や魚を中心に、野菜の煮物やサラダなど）を三人で作る。一二八〇円

地域のたまり場として見守り機能も果たす

の惣菜セットを毎日買いに来る、九七歳の女性もいる。

二〇一〇年にはリニューアルしてイメージを一新。洋風にして、レストランで焼かれている創作パンも店頭に置き始めた。評判は上々である。

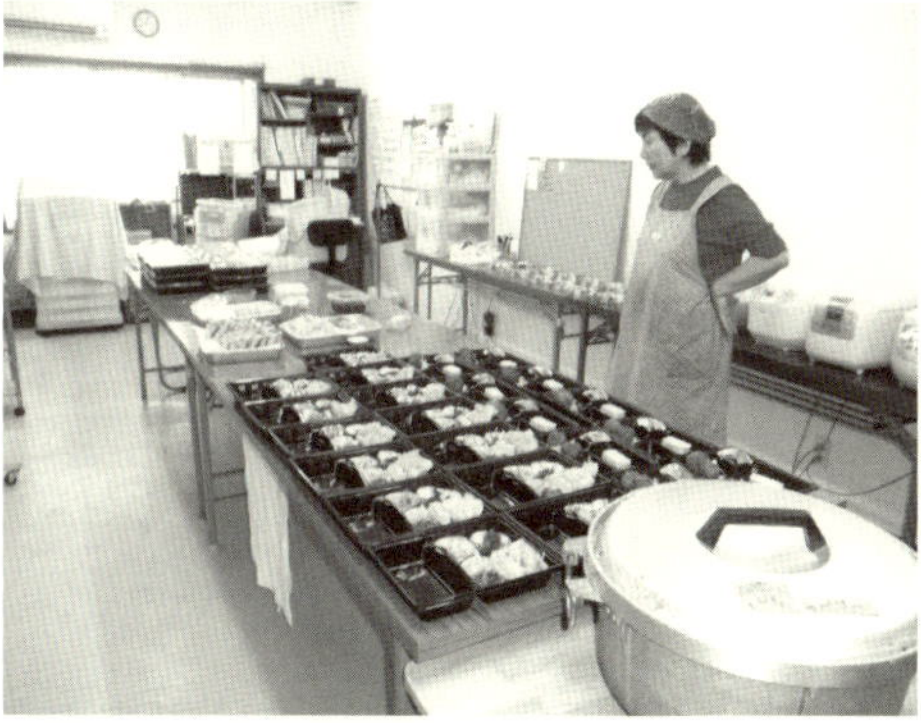

高齢者にバランスのよいメニューを心がけている

夢はつきない

二〇一〇年八月にはシニア社会委員会を設立し、「ふくの会」と名付けた。幸せの福と、関門海峡の名物フグを重ねたわけだ。土曜日にたった一〇〇円で、ちらし寿司、炊き込みご飯、カレーを提供している。この値段だから、儲けは多くない。だが、そのわずかな利益から、東日本大震災の義援金約二万円を送金した。社会貢献は決して忘れない。

宿泊できるデイサービス、給食センターの設立と、夢は続く。高齢で清掃の仕事がきつくなった仲間たちは、この給食センターで働けばいい。私は七七歳の喜寿が近い。この歳でも夢がもてる協同労働の協同組合に、本当に感謝している。

〈中村多恵子〉

7 経営危機を乗り越え、次へ

宮城県大崎市

1 予防重視のデイサービスを始めてみたが……

「なるっこは経営が悪い、悪いと言われる。だけど、家賃も備品も、開設のときに事業本部長たちが、私たちの考えより高く勝手に決めてきたこと。それをもとにした事業計画を了承したのは本部でしょ」

菊地祐子さん(一九五六年生まれ)は、労協センター事業団の永戸祐三理事長(当時)に思いをぶつけた。

「わかった。本部の責任もある。しかし、そればかり言っていても経営はよくならない。一緒に頑張って乗り越えよう」

永戸理事長は、そう答えたという。二〇〇七年一〇月に開かれた労協センター事業団主催「第一回地域福祉事業所・よい仕事コンテスト」の、夜の交流会での会話だ。

◆ヘルパー講座受講生で開設

労協センター事業団鳴子地域福祉事業所介護予防ステーションなるっこ（以下「なるっこ」）は、二〇〇五年七月一日に開所した。菊地さんのほか、高橋良子さん（一九五七年生まれ）、横谷《よこや》和子さん（一九五三年生まれ）、岸三枝子さん（一九四七年生まれ）の四人は、最初からの職員である。

介護保険法の施行が二年後に迫った一九九八年七〜九月、労協センター事業団は宮城県鳴子町（当時）から委託を受けて、町立鳴子温泉病院の開設に間に合わせてホームヘルパー三級を養成する講座を行う。受講料の三分の二は町が負担した。

温泉とこけしで有名な鳴子温泉は、奥州三名湯に数えられている。だが、バブル期の一九九二年に年間四〇〇万人を超えていた観光客は、二〇〇九年には約二二五万人で、うち宿泊客は約七八万人。年々減少している。町の中心地は、「シャッター通り」ではなく、歯っ欠け通り」（横谷さん）。店が閉じると駐車場になり、まるで歯が欠けたようだからだという。

一九五五年に一万六七一九人（鳴子町、国勢調査）だった人口も、二〇〇八年には八〇八八人、高齢化率は三五・四％（大崎市鳴子温泉地区、大崎市住民基本台帳）。実に三人に一人が六五歳以上だ。なるっこの利用者は六〇代から九〇代で、その家族は五〇代から七〇代。介護する側もされる側も高齢化し、いわゆる老老介護になっている。

当時、鳴子町の福祉課長としてこの講座開催を主導し、現在はなるっこの所長をしている長谷川愼一さん（一九四二年生まれ）は、意図をこう明かす。

「当時は、町にヘルパーが八人しかいなかった。民間の介護事業所が鳴子にできなくても、ヘルパーの資格を持つ住民がいれば、高齢化になんとか対応できるんじゃないか」

二八人の修了生たちは、鳴子町にホームヘルパー二級の資格も取りたいと要望。町は労協センター事業団に委託して、一四人に取得させた。さらに六人が一級の資格を取る。こうした講座の修了生が前述の四人だ。

二〇〇五年、配食サービスのボランティアグループ「ゆのはな会」の中心として活動してきた横谷さんのところに、労協センター事業団東北事業本部から依頼があった。

「宮城県の『緊急経済産業再生戦略プラン』に採用されて、鳴子町でデイサービス（通所介護施設）を開設することになった。五〇〇〇万円の補助金も出る。みなさんとできないだろうか」

やはりゆのはな会のメンバーだった菊地さんは、「『今後、宮城県の仕事をとるためにも、この仕事は絶対に実現しなくちゃいけないんだ。どうしても手伝ってくれ』と言われたので、ボランティアで協力すればいいと思った」と振り返る。そして、高橋さんと岸さんにも声をかけて、地元でできることを協力するというスタンスで、かかわりだした。

ところが、開設の準備を進めるなかで、両者に考え方のずれが少しずつ生まれていく。施設の家賃、デイサービスのセールスポイントである座ったままできる筋肉トレーニング用のフィットネス機器（パワーリハビリマシン）の台数、職員の時給などだ。パワーリハビリマシンの台数に関しては、「三台でいいのでは」という事業本部に対して、利用者の筋力維持と柔軟性・

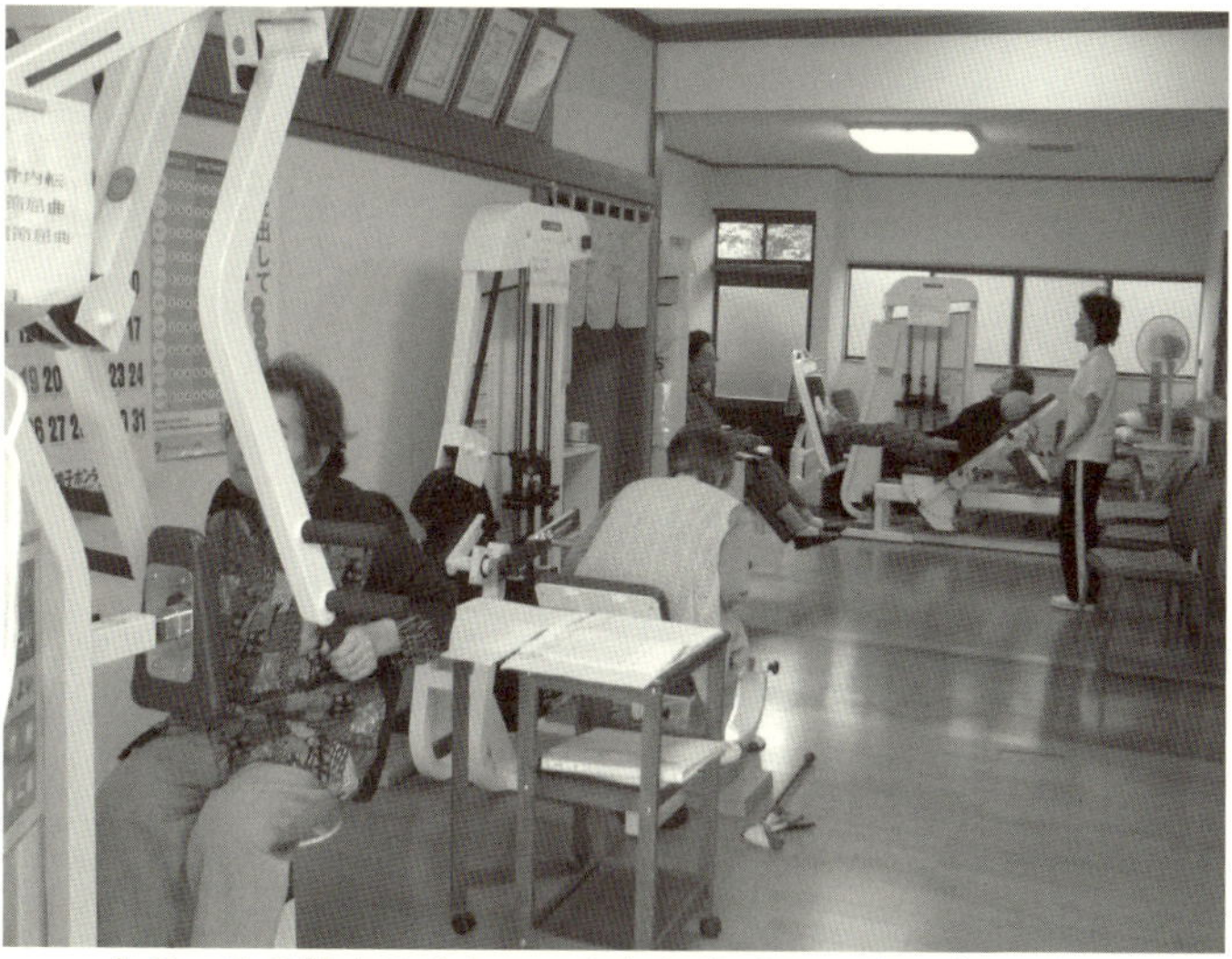

なるっこの魅力のひとつ、４台あるパワーリハビリマシン

バランス能力の向上のために「四台が必要」と、四人は絶対譲らなかったという。

　また、「お金を出して働くなんて、だまされているんじゃないか」「そんなとこ聞いたことがない」と、四人とも家族や知り合いに心配された。「働くためには、出資して組合員になるんだ」と言われ、そういうものかと思ったが、意味は理解していなかったし、不安があったのも事実だ。

　それでも、ゆのはな会の仲間や知り合いに協賛金を頼み、みんなで約二〇〇万円を集める。このほか、労協センター事業団の全国の仲間が積み上げてきた資金から約一二〇〇万円を借りたが、この金額は四人に知らされていなかった。

　こうして、「元気で長生きできるための支援」を目的に、「護るデイではなく、予防するデイ」をキャッチフレーズに、介護予防を重視したデイサービスを開設する。職員七人での船出だった。

所長は東北事業本部の高橋比呂志さん、施設管理者は、比呂志さんに声をかけられて「私がやります」と応えた高橋良子さん。横谷さんは調理、岸さんは温泉を使った入浴でゆったりした気持ちになってもらうケア、菊地さんは事務や経理と、役割分担が決まっていく。

◇利用者ゼロからのスタート

もっとも不安だったのは、開設時に利用登録者が一人もいなかったことだ。鳴子町にはすでに四つのデイサービスがあり、「利用者の取りあいはしないでほしい」と、当時の福祉課長に厳しく言われていたから、事前に利用の声かけをしていなかった。開設後に所長が病院や町の健康保険福祉課などを回ったが、「チラシを置いといて」「いま忙しい」というつれない返事を返されるだけ。それを見ていた四人は歯がゆさを感じた。

「土地柄、よそ者をなかなか受け入れてくれない。鳴子に住んでいる私たちだったら、とりあえず話を聞いてもらえるのに」（横谷さん）

結局、高橋良子さんは自分の義母を利用者にする。そして、四人で知り合いに声をかけながら、少しずつ利用者を増やしていこうと考えた。また、介護保険制度内の事業だけでは経営が厳しいので、自主事業を設定する。パワーリハビリマシンを利用した二つのクラブである。

ひとつは、リハビリや筋肉トレーニングを目的に、簡単なストレッチやマシントレーニングを組み合わせた「パワリハクラブ」。火・木・金曜の午前中に実施している。デイサービスの利用者より負荷をやや重くして、リズムも早めにし、けがや膝が痛い人はマットで衝撃を軽減して歩行訓練をする。料金は一回六五〇円だ。

もうひとつが、木曜日の夜に開く「ハッスルクラブ」。四〇歳以上が対象で、筋力アップが目的。スポーツジムの感覚で、マシンを使ったりストレッチをしたり。現在は六〇～七〇代の女性が中心。知り合いと楽しくおしゃべりしながら体力を維持するとともに、介護によるストレスの発散も目的にしている。料金は同じく一回六五〇円。

鳴子町は二〇〇六年三月に古川市や岩出山町など一市五町と合併し、大崎市になった。そのころ、長谷川さんに所長をお願いしたかった高橋比呂志さんと、地元の人を所長に迎えたいと思っていた高橋良子さんたちの考えが一致。鳴子町役場を定年退職していた長谷川さんに、所長就任をお願いした。長谷川さんは、「土曜・日曜・祭日は休む」ことを条件に所長就任を快諾してくれた。

働く人が全員地元住民であるだけでなく、所長が町の元福祉課長に替わったということは、なるっこにとって大きな力となる。長谷川さんが病院や町の健康保険福祉課などに行くと、以前とは違って「どうぞ中へ」と案内され、話を聞いてもらえるのだ。

また、鳴子には四カ所の温泉共同浴場があり、利用者が多い。地域の社交場であり、口コミで情報が広がる場でもある。
「私は毎日行く共同浴場で、『あんたんとこ、運動できるんだってね』と話しかけられる。パワリハマシンのことも誰かに聞いたみたいで、『どうやったら、あんたんとこ入れんの』と聞かれることもある。そのときに話すことで、なるっこのケアの中身が伝わって、利用者が増えることにつながっている。ただし、悪いことも伝わりやすいけど」（菊地さん）

◇時給アップ要求で初めて経営を考える

四人の時給は当初、宮城県の最低賃金の六五〇円。利用者が五人になれば七〇〇円に上がると言われていた。そこで、利用者が五人になった段階で所長に時給アップを要求したところ、「初年度の赤字が初期投資を含めて八一九万円あり、原価率は約一三〇％にもなっているから無理だ」との返事。このとき初めて「原価率」を認識した。

労協センター事業団でいう原価率は、事業所の一年の収入のうちで事業費や人件費などが占める割合を指す。介護事業を行う地域福祉事業所の健全経営の指標は七八％だ。それでも、東北事業本部と話し合い、労働時間が一番長い高橋さんの給与だけは上げる承諾を得た。

しかし、二年目の二〇〇六年度の原価率は一二八％と、相変わらず下がらない（事業収入は約一九〇〇万円）。菊地さんたちは、自らの甘さもあったと反省している。

「食材やトイレットペーパー、洗剤や灯油など、こまごまとかかる運営費を考えていなかったものね」

なるっこは、二〇〇七年一〇月の「第一回地域福祉事業所・よい仕事コンテスト」に東北事業本部の代表として参加。高橋さんが、パワーリハビリマシンと温泉を使った介護によって利用者が元気になっていく様子や、パワリハクラブの参加者が職員の利用者に接する姿勢、ケアの質を評価して新しい利用者を紹介してくれるようになった状況を発表した。一方で、参加者が「こんなに原価率が悪いところが、なんで出ているの」とささやいているのを耳にした菊地さんは、悔しい思いもしたという。そこで冒頭のようなやりとりになったのだ。

◆利用者が増え、経営が少しずつ上向きに

「言うだけのことは言った」菊地さんは、すっきりして気持ちを切り替えた。

「地元で仕事をしている以上、無責任なことはできない。本部に借金もある。返すには節約して、売り上げを上げるしかないと、仕事に向かう姿勢を変えました」

二〇〇七年度の一カ月あたり事業高は、四月の約一〇〇万円から年度末の三月には約一八〇万円と、大幅に増えた。これは、利用登録者が一五人から二六人に増えたうえ、介護度の重い人の登録と利用回数の増加などが要因となっている。

二〇〇八年度には、大崎市が募集していた「特定高齢者機能訓練教室（通称、足・腰ぴんぴん教室）」に応募し、一クール三カ月間の受託が五月に決定する。これは、運動機能の低下が見

られる高齢者が適切な支援プログラムに集中的に参加し、要介護状態となることを予防するものだ。参加者の状態を見ながら、パワーリハビリマシンの負荷を変えたトレーニング、タオルを使った足運び運動、古新聞を活用した棒体操、簡単なストレッチを行う。足運び運動は、足の蹴る力をつけたり、脳を活性化するという。簡単な口腔体操や栄養指導も行う。参加費は無料だ。

また、車で約一時間の地域までは、利用者を送迎する。高橋さんは「他の県でデイサービスをしているセンター事業団の組合員が見学に来て、送迎の範囲が広いのに驚いていた」と言う。

◇なるっこの一日

毎朝、九～一〇時に利用者が到着する。大きなテーブルが二つあるデイルーム(食堂兼機能訓練室)で血圧や体温を測り、お茶を飲みながらおしゃべり。パワーリハビリマシンと並ぶセールスポイントは温泉。源泉掛け流しだ。硫黄の臭いがするなか、利用者が湯舟に身体をつけると、入浴介助の職員は肩をもんだり、いろいろな話をする。利用者にゆったりしてもらいながら、身体の変化や話のなかで変わったことはないか確認するのだ。

パワーリハビリマシンのあるトレーニング室は午前中、パワリハクラブや足・腰ぴんぴん教室を行っている場合が多い。参加者たちはトレーニング後にデイルームをのぞき、顔見知りの利用者と話したり、お茶を飲んでいく。このときにデイサービスの様子や職員の対応をチェックする人も多い。「将来、自分が入るかもしれないからね。みんなよく見ている」と横谷さん。

昼食はめいめいのお盆で出され、横谷さんがその日のメニューを紹介する。

「今日のおかずは、カレイの煮付と、凍み豆腐を戻して鶏肉や野菜を混ぜてはさんだ煮物です」

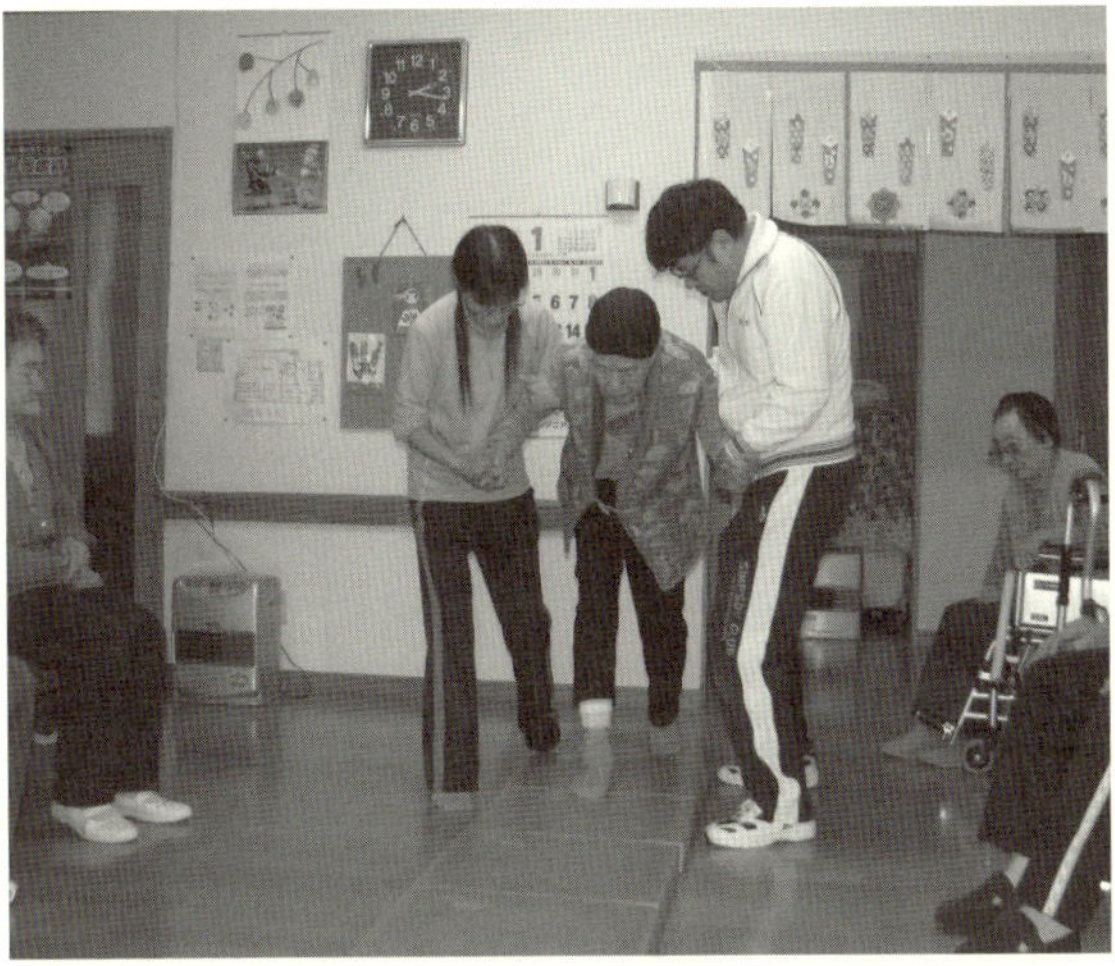

マットを敷いての歩行訓練。利用者が楽しみにしている

なるべく旬の素材を利用し、行事食を入れて季節を感じられるようにする。また、利用者の食べ物の好き嫌いや健康状態で、微妙に中身や刻み方を変えている。

午後は、まず昼寝。このときだけは静かになる。その間に職員は食事をとり、家族へ渡す連絡ノートに、介護計画に沿ったケアができたか記入する。この記録は、なるっこで働く全職員が参加する毎月一回の団会議で共有される。団会議は、一カ月の振り返り、経営実績や方針の共有・改善、労協センター事業団全体の方針の意思統一をする場だ。気になる利用者の情報交換と改善方法も話し合われる。

利用者が起き出すと、またにぎやかになる。今度は二組に分かれて機能訓練。デイルームでは、椅子を丸く置いて座り、軽いストレッチ。そして、座ったまま、手拍子に合わせて手足を伸ばしたり、足首を回したり、身体をねじったり、ゴムボールをうちわを使って回したり……。厚手のマットの上での歩行訓練では、見ている人が拍手や声援を送る。ボール回しは「お、お、お」「危ない！」「上手い、上手い」と声が上がり、楽しい。

トレーニング室では四台のパワーリハビリマシンがフル稼働。職員が利用者の状態によって、負荷や椅子の位置を変える。利用者は手拍子に合わせて、ゆっくり上半身を前に倒したり、足を開いたり、足を伸ばしたりする。基本的には一〇回が一セットで、一日に三セット行う。

一五時半くらいから帰りの準備を始め、地域ごとに車で利用者を送り届ける。家に着くと、先に降りた職員がドアの前に踏み台を置き、利用者の手を取って、安全に降ろす。

家族と同居している人はたいてい出迎えがあるので、連絡帳を渡し、デイサービスの様子を簡単に伝える。家族からの相談もあり、大切なコミュニケーションの機会になっている。一人暮らしの利用者の場合は、預かった鍵でドアを開け、中に入ったことを確認。「今度は木曜日ね」「忘れないで水飲んでね」などと声をかけ、ドアが閉まったのを見届けて車を発車させる。

なるっこに戻っても、一日の片付けや記録、書類整理など、やることは山のようにある。それでも、今日も無事に終わったという安堵感が漂う。

2 閉鎖の危機と意識改革

◆突然の監査

菊地さんたちは、経営は順調になったと思っていた。ところが二〇〇八年八月、労協センター事業団本部から連絡がある。

「閉鎖対象事業所となる可能性があるので、監査を行います」

地域福祉事業所の閉鎖対象の基準は、「開設三年目に入り、原価率が九〇%を超えている事業所」（当時）である。九〇%を超えると、全国を支える管理コストが賄えないからだ。九月に入ると、本部から泊まり込みで監査に来た。高橋さんたちの開設準備からこれまでの話を聞き、何が問題なのかを指摘するためである。

「経理や財務の意味、予算・実績対比報告書、損益計算書などの見方と意味などを理解していただくまで話し、全国の事業所の収益がなるっこを支えていることも伝えました。一方的に言うのではなく、経営改善のための方法を一緒に考えました。組合員一人ひとりが経営に参加することは協同労働にとって重要なポイントですから」（監査をした本部の芹沢由和さん）

この監査が、なるっこを大きく変えた。三人が口々に語る。

「借金が一八〇〇万円と聞いてびっくり。開設とその後の運営の経費について、何も知らな

かった。潰すのは簡単だけれど、継続しなくちゃいけない。こうなったら是が非でもやると、腹をくくりました」（横谷さん）

「月一回行う全職員が参加する団会議で経理担当の菊地さんが説明しても、単なる数字としてしか受けとめてなかったけど、監査以後は数字の意味する内容がだんだんわかるようになった。やっぱり経営を現場でやらないと、意味が伝わらない」（岸さん）

「それまでは、のほほんとやっている部分があったからね。でも、借金返せなくて閉鎖になった場合、いま来ている利用者さんたちをどうするのよと考えた。なんとしても借金を返して、利用者さんがここに来られ続けるようにしないと」（高橋さん）

デイサービスの利用者だけでなく、パワリハクラブや足・腰ぴんぴん教室を楽しみにしている利用者たち、そしてボランティアで協力してくれるゆのはな会の仲間に、顔向けできないことはしたくない。もちろん、閉鎖して「それ見たことか」と言われたくないという意地もある。

◆責任感と経営意識をもつために

まず、一日の利用者定員を一〇人から一五人に増やし、職員も一人増やした。利用者定員が増えれば、寝具類などの備品が新たに必要となる。職員やパワリハクラブの参加者から自宅に眠っているものを寄付してもらい、経費のアップを抑えた。「それこそトイレの紙も、安売りだったら何度でも並んで買うんだよ」とまじめな顔で横谷さん。

次に、職員の提案で、無駄な勤務時間をなくすために、利用者数に合わせて勤務体系を見直した。利用者が少なければ当日の勤務キャンセルもある。その結果、特定の人にキャンセルが集中しないように利用者を増やそうと、知り合いやケアマネジャーから可能性がある人を紹介してもらい、一番親しい職員が声をかけた。これはいまも続けている。こうして、利用登録者は三五人、一日の利用者は一二～一三人になった。

また、パワリハ委員会、調理委員会、デイサービス委員会をつくった。団会議の前に各委員会で議論し、一カ月のまとめを行い、改善点を出し合う。それを団会議で報告し、必要なものは全員で話し合って、改善方法や担当者を決める。二〇一〇年六月の団会議の様子を紹介しよう。

協同労働の理念やめざすものなどの「七つの原則」の唱和の後で、所長の長谷川さんが上半期の経営状況と下半期の受託見通しを説明。菊地さんが六月のまとめを報告して、全員で共有した。

「当月の事業収入見込みは二五一万六〇〇〇円でした。利用者の休みが多かったけれど、ナイトケアの利用があり、実績は二四九万七〇〇〇円と、ほぼ見込み通りです。人件費が前月より九万六〇〇〇円多かったが、経費は七万六〇〇〇円減。原価率は七六％で、前月と同じでした」

続いて、長谷川さんが下半期受託予定の足・腰ぴんぴん教室と、同じ内容で月一回開催のフォローアップ教室（一クール五カ月間）の見積もり状況、大崎市の感触などを紹介。「フォローアップ教室は実績が評価され、入札ではなく見積もり提出で」と話すと、人件費や送迎経費を交渉したほうがいいとか参加見込み数など、矢継ぎ早に意見や質問が出された。

各委員会の報告では、調理委員会から「魚の仕入れは送迎の帰りに一週間分まとめてしたい」と、新たな買い出し方法が提案される。これに対して、「夕方は種類が少なくなるのではないか」「七の付く日が安いから、曜日やルートを考えてみたら」「野菜も送迎ルートにある安い店で仕入れては」と、それぞれが知っている情報を出す。最後は、進行役の岸さんが「長谷川所長と高橋さんでとりまとめて決めてください」と、担当を決めた。

デイサービス委員会からは、「後ろから見ていて歩き方が気になる利用者がいるので、家族に家での様子を確認した」との報告があり、「理学療法士に見てもらおう」「運動状況を見て、自宅のバリアフリー化の相談を受けよう」と話が進んだ。

「何もありません」と言う人には、記録担当の高橋さんが「一カ月も利用者と関わっていて何も気づかないの?」と少々きつめに、発言を促していた。

3 デイサービスのイメージ変化と効果

◆運動感覚で利用

足・腰ぴんぴん教室は毎年受託し、年間二クール(六カ月間)に増えている。フォローアップ教室も二〇一〇年度の終了まで受託した。足・腰ぴんぴん教室は競争入札だが、長谷川さんは「岩出山・鳴子地区はなるっこにかなわないと、他の事業所が手をあげないまでになった」と言う。

足・腰ぴんぴん教室やフォローアップ教室の参加者は、たとえば「(菊地)祐子さんにしごかれているから、おかげさまで歩けるんだ」などと近所の人に話すという。実際、当初はよろよろと歩いていた人が、週二回のパワーリハビリマシンでのトレーニングで筋肉がついて、しっかり歩けるようになったそうだ。

「二つの教室の場合、要介護ではないけれど、通院中だったり持病をもっている利用者が多い。その人たちが身体を動かす楽しみを知り、少しでも元気になってくれればいい」(菊地さん)

「パワリハクラブや二つの教室の参加者は、将来のデイサービスの利用者。あそこだけは行きたくないと思われるのか、自分も利用したいと他の人に話してくれるのか。それは、私たちが利用者にどう対応し、利用者が元気でいられるかに関係している。それと、男の人は『おらは、デイサービス行がね』って言うけれど、『運動すっとごさ行ぐんだよ』って言って、通い始めてもらう。短い時間の利用から慣れてもらい、一日の利用にしていく」(高橋さん)

フォローアップ教室の終了後、自費でもなるっこで運動したいという声が岩出山地区の参加者から出た。そして、九人が希望して、月二回土曜日の午前中、送迎代込み一回一〇〇〇円で、自主的なフォローアップ教室を行っている。

「収入は委託のときより少ないけれど、一回一〇〇〇円払っても来たいという気持ちに驚いている」と高橋さん。その魅力は、運動やパワーリハビリマシンだけではなく、「他の参加者や職員と会うのを楽しみにしている」ことにもあるだろう。

◆気持ちが変わると身体もよくなる

菊地さんによれば、地元の人は「グループホームは呆けた人がいくところ。デイサービスや特養は、よだれ垂らして、おしめして、車椅子に乗っている人が行くところ」と言うそうだ。一方、なるっこのデイサービスは、「運動するところ」「スポーツジム」という感覚の利用者が多いという。

地元で役職に就いていた小野寺浩二さん(仮名)は六〇代でパーキンソン病を患い、要介護二に。プライドがあるので、ふつうのデイサービスの利用はしたくないが、なるっこならパワーリハビリマシンの運動が病気にいいと知っているので、利用する気になったという。ひどいときには足を持ってあげなければ歩けないほどだったが、歩行器を使いながらも、だいぶ歩けるようになった。また、他の利用者となかなかうちとけなかったが、いまでは「ここの学校で一番若いのは私です」と笑いながら言うそうだ。

三年前に脳梗塞で倒れた三浦孝志さん(仮名)は、立ち上がりや歩行が自力ではできず、要介護三と判定され、なるっこの利用者に。その後、左の手足が動くようになり、「スタッフやパワリハマシンに感謝している」と言う。いまでは、ほぼ自力で生活できる要支援二にまで回復し、車の運転もできる。「目標をもって本人が努力した結果だよね」と高橋さんは誇らしそうに語った。

一年に三回あるお出かけイベントで、ぶどう狩りに行ったときのこと。帰ってきてから写真を見ると、「腕が上がらない」と言っていた利用者が、腕を上げてぶどうをもいでいた姿がしっかり写っていた。「あんた、腕上がってんじゃないの」と他の利用者にからかわれ、「あれ、ほんとだ。洗濯物干せるわ」と照れ笑い。パワーリハビリマシンの成果が思わぬ姿で現れた。この利用者は以後、自信をもつようになったという。

こうした評判を聞きつけて、これまで何度か声をかけても反応がなかった民生委員からも見学の申し入れがあった。ただし、高橋さんたちはしっかりと分析している。

「病院に何年かかっていても膝の痛みが治らず、正座できない人が、足・腰ぴんぴん教室が終わって『正座ができた』と驚くけれど、ここに三カ月来てすぐ治るわけがないのよ。それってね、みんなと楽しくやっているうちに自分ができる範囲が広がって、気持ちが変わったことで、行動が変わってきているのよ。他の人を見て自分も頑張ろうと思うから、自然と身体も動くようになる」

◇家族との信頼築き、新たな利用者紹介へ

利用者第一号の遊佐まさ子さん(仮名)は、長男と二人暮らし。隣の家が遠いため、なるっこへ週二回通うのとヘルパーが訪問する以外は、ほとんど他人との交流がない。高齢でうまく作れなくなったから弁当作りを止めたいと訴えた翌日、長男は新しい弁当箱を買ってきて、「これで、これからも(弁当を)お願いします」と言ったという。弁当作りをしなくなったら母親が弱ってしまうと考えたからだ。

長男からその話を聞いたなるっこの職員は送迎時に意識して声をかけ、お出かけイベントの下見にも利用者代表で同行してもらった。職員が買い物で長男と偶然会ったときなどには、家での状況やデイサービスで気づいたことなどの情報交換に努めるようにした。

あるときのお出かけイベントで食事をした際、遊佐さんはのどに海苔巻きをつまらせてしまい、救急車で搬送される。幸い大事にはいたらなかったが、夕方お詫びのために長男の在宅時に訪ねると、こう頭を下げられた。

「迷惑をかけたのはこちらのほうです。どうか母の利用を断らないでください。皆様を信頼していますので、安心しています。これからも母をいろいろなところに連れて行ってください」

開所以来、遊佐さん親子とつみあげてきた信頼関係が功を奏したのだ。「私たちの介護は間違っていない」と実感した瞬間だった。その後、遊佐さんの次男の姑がデイサービスを利用するようになった。いまでは、遊佐さんは「息子の弁当作りは私の生きがい」と話している。

4 小規模多機能型施設の開設

◆親の介護に不安をもつ人に希望が生まれた

「へぇー、そんなのあるの⁉」

目を丸くして、うれしそうに顔を上げた高橋まつ子さん(仮名)。兄が亡くなり、母親の面倒をみるために、夫とともに東京から実家に戻ってきた。最初は軽い気持ちだったが、介護の日日は想像以上に大変。ずっと一人で続けるのかと、不安をかかえていた。

「希望が見えました。その施設ができれば、家でお母さんの面倒がみられます」

なるっこでは、二〇一〇年一二月一〇日に利用者やその家族一五人が参加して、一二年三月に開設する小規模多機能型居宅介護施設(以下「小規模多機能型施設」)の説明のために家族会を開いた。そのときの、まつ子さんの言葉だ。そこには実感がこもっていた。

四人は、説明会の様子を口々にうれしそうに語った。

「『こういう施設を待ってました』『こういうのが欲しかった』という反応。親を施設に入れるのは心苦しいけど、家でみるのには限界がある。小規模多機能型施設は知らなかったみたいだけれど、『二四時間、三六五日いつでも使える。通所、訪問、泊まりもできる施設』だって説明したら、『自分たちが望んでいたものだ』『一日も早くつくってほしい』と、本当に切実そ

うに言っていたわね」(菊地さん)

横谷さんがうれしそうに話す。

「大場隆さん(仮名)の奥さんが『うちのを入れなくちゃとなったときには、いっぱいなんだべな』と聞くから、『その前に、声かけでけらい』と答えたからね」

「あのときに言われたのは、『人数に枠があるでしょう。入れる人をどう選択するの』ということ。だから、『なるっこを利用している人たちには、まずお声をかけますから』と言ったら、『ああよかった』と安心された」(高橋さん)

老老介護が増えている鳴子温泉地区では、このままでは親や連れ合いを特別養護老人ホーム(特養)や老人保健施設(老健)などに入れなければならなくなるかもしれないという心苦しさ、自分がいつまで元気で面倒をみていられるかという先行きの不安、一人で面倒をみ続ける閉塞感をもっている人が多い。また、温泉町の特徴として、「温泉旅館で働いていた仲居さんで、一人暮らしの女性が多い」と高橋さんは話す。こういう地域だからこそ、小規模多機能型施設が必要だという思いは強い。

小規模多機能型施設は、二〇〇六年四月の介護保険制度改正で新設された地域密着型の施設だ。介護が必要となった高齢者が、住み慣れた地域でそれまでどおりに生活できるように、「通い(デイサービス)」を中心に、「訪問」「泊まり(ショートステイ)」のサービスを二四時間提供する。一事業所あたりの登録定員は二五人以下で、一日あたりの利用定員は「通い」一五人以下、「泊まり」九人以下と定められている。

事業は市町村長の指定した業者によって行われる。また、利用者とその家族、事業所がある市町村または管轄する地域包括支援センターの職員、地域住民の代表者などと事業者で運営推進会議を設置することが定められている。この会議では、二カ月に一回以上、事業者が活動状況を報告し、他の構成員から評価を受けるとともに、相談やアドバイスを受ける機会を設けなければならない。

◇「ここに住まわせて」と訴える利用者

高橋さんは二〇一〇年五月に東京で開かれた労協センター事業団主催のケアワーカー集会で、パネリストの一人として登壇。今後の展望を問われ、小規模多機能型施設の立ち上げを宣言した。なるっここに戻った高橋さんは、「言ってきちゃったもんね」と報告。職員たちは少し驚きながらも、自分たちが一番やりたかったことに向かうきっかけができたと思った。

高橋さんたちには、忘れられない利用者がいる。

「夫を亡くし、一人暮らしになった方です。彼女は、夫や家族の墓があり、友人もいる鳴子を離れたくないから、なるっここに住まわせてくれと涙ながらに訴えました。個室に住んでもらって、私たちが順番に夜勤に入ろうかとも考えましたが、何かあったときに責任が取れないので諦めざるをえませんでした。彼女は、息子さんと住むために北海道に転居。私たちは泣きながらお別れしました。もし小規模多機能型施設があれば、ずっと鳴子に住んでもらえたのですが……」

早速、六月に開設要望書を携えて大崎市役所を訪ねると、「やる気があるのなら、勉強しておくように」と言われた。さらに八月に、「来週には公募を出すので、見てください」と連絡が入った。この間の事情を長谷川さんが説明する。

「大崎市では、『第四期高齢者福祉計画・介護保険事業計画（平成二一〜二三年度）』で、三つの小規模多機能型施設をつくる目標を立てていたが、二回公募した地域で手をあげる事業者がいなかった。鳴子は当初の地域には含まれていなかったけれど、なるっこが要望書を出したので、市は公募地域の範囲を広げたわけだ」

結果的には、なるっこの思いと市の計画がタイミングよく一致したことになる。

◇注目と心配と

この公募にすぐに応募して、二〇一一年度中の開設が決まる。菊地さんはこう語る。

「足・腰ぴんぴん教室で市や地域包括支援センターとのつながりがあり、高い評価もあったので、あそこにやらせてみようとなったと思う。まったく知らない事業者だったら、いくら要望書を出しても、市が（公募地域の）範囲を広げることはなかったのではないか」

国から二六二五万円、宮城県と大崎市から合計一五五六万二〇〇〇円の施設整備補助金、さらに大崎市から施設開設準備事業補助金として別途三八七万一〇〇〇円が出た。合計で四五六八万三〇〇〇円である。

施設は新築の建物でなければならない。経費の関係で温泉を引くのは諦めたが、それでも七〇〇〇万円かかる。増資に取り組むとともに、寄付や協力債（一口一万円）で地域に資金援助を求めた。足りない分は、労協センター事業団から借り入れる。この場合は、銀行などからの融資とは違い利子がない。貸し出しの原資は、全国の仲間が事業で得た利益と出資金だ。

最大の課題は、どんな特徴をもつ小規模多機能型施設にするのかである。

横谷さんは、「鳴子では、すべてのデイサービスに温泉がある。パワリハマシンというプラスアルファがあるから、駅の裏とはいえ崖の上にあるなるっこに来る」と言う。高橋さんは、障害者支援センターから電話が来て、「職員として障がいをもっている人を一人か二人、受け入れる考えはない？」と聞かれたことで、周囲がいろいろな視点で注目していると実感した。

一方で、利用者からは、経営について心配もされている。菊地さんが笑いながら言う。

「ここは借金があるって、利用者さんはみんな知っているもん。『大丈夫か？』『まだ借金あるんだべ、もう一つ建てて大丈夫なのか』って。寄付は受け付けているけど、なかなか集まらないですね。だから、利用者さんに笑い話で〝遺言にお世話になったなるっこに、お金でも物でもいいから遺すと書くなり言うなりして〟とお願いしています」

「何をメインに打ち出すのか思案のしどころ。なるっこは、元気になるために行くところ。

だから、今度も魅力的なものが絶対ないと。でも、それは地域の人や利用者さんたちと考えてもいい」と高橋さん。

四人は予防と施設入所の中間点として位置づけ、利用者、家族、地域、職員の手と手、さまざまな形の介護と介護をつないで太くしていくことから、新たな魅力を考えようとしている。

◆この仲間だから開設に向かえた

小規模多機能型施設の名前は「玉ちゃんの家」とした。一度聞いたら忘れられないし、可愛い。由来は、鳴子町と岩出山町が以前、玉造《たまつくり》郡に属していたからだ。高橋さんの家に近い、地域親交会の会長の持っている土地を借りて建てることにした。

「三六五日、二四時間の施設なので、宿直や夜勤がある。何かあったらという不安もあるので、自宅に近いほうが対処しやすいでしょ。やっぱり地域密着でやっていくには、暮らしているところがいい。地域のつながりがあるから話しやすいし、協力を求めやすい」

中学校の並びなので、夕方は生徒が部活をやっているところを入所者が見に行ける。子どもたちにとっても、高齢者とふれあう場所になればいい。

また、地域を巻き込むために、認知症サポーター養成講座も考えている。認知症サポーターは、厚生労働省が「認知症になっても安心して暮らせるまち」をめざして、認知症の正しい知識を身につけ、できる範囲で患者やその家族を支援してもらおうと、認知症サポーター一〇〇万人キャラバンに取り組んできた。養成講座を終了すると、サポーターの証のブレスレット「オレンジリング」が渡される。

「中学校でも養成講座を実施しているので、生徒たちにボランティアで関わってもらえるようにしたい。サポーターをつくりながら、地域密着型の施設にしていきたい」と、高橋さんは地域との協同の構想を描く。横谷さんも同じ思いをもちつつ、気を引き締めている。

「うちが小規模多機能型施設を建てたら、いろんなところからモデルとして見学に来るよね。なるっここで評価を上げているのだから、それを落とさないようにしないといけないね」

その気持ちは四人に共通だ。高橋さんは苦楽をともにしてきた仲間への思いをこめて言う。

「開設した四人が、お互い好きなことや悪口言い合いながらやってきて、そのまま残った。だから、経営もよくしようと話し合いながらやってこれたし、地域の人にも認められた。次のステップとして、小規模多機能型施設に向かうことができたと思う。もし、私一人だけだったら、他の人たちと新しい介護施設は開設できない。だって、同じ気持ちにはなれないから」

岸さんがなつかしそうに微笑んだ。

「横谷さんの誕生日に、高齢者福祉関係の映画会に四人で行ったのよ。映画を見て、最後はケアハウスのようなところに四人で入れるといいねって言っていた。まさか自分たちが開設するとはね」

〈本田真智子〉

現場からの声

演劇をとおして高齢者が元気を発信（香川県高松市）

時代劇あり認知症コントあり

時は二〇一一年二月初めの冷え込む朝。所は高松市郊外、五剣山《ごけんざん》の麓、洲崎寺本堂。「牟礼《むれ》ふれあいの集い」に集まった九〇人の期待の目があつまるなか、拍子木が鳴り響く。萌黄、柿、黒の定式幕《じょうしきまく》が開くと、舞台にはスチロールで作られた岩山が置かれ、蒼い空、大きな満月。木枯らしのなか、縞の合羽に三度笠、長ドス落とし差しの忠治登場。どっと客席がわく。

演題は「国定忠治、讃岐《さぬき》路を行く」。捕り手とのチャンバラあり、子分との別れあり。極めつけの名セリフ「俺にゃ生涯、手前という強い味方があったのだ！」には、「日本一っ」の掛け声とともにおひねりが飛び、爆笑の連続。

第二幕では、讃岐うどんや認知症のおばあさんが登場して、ますます盛り上がる。その後で演じた現代版認知症コント「おイネばあさんの一日、ご飯まだかいのー」と合わせて、笑いのなかに「一緒に考えましょう」のメッセージがこめられている。

これは、香川県高齢者生活協同組合が運営する通所介護施設「牟礼ひだまり」の、地域に向けたイベントの一コマである。演じたのは香川高齢協の劇団「エルダーキャッツ」。「久しぶりに涙が出るほど笑った」「認知症になっても地域で暮らせたらいいなと思った」などの感想がよせられた。

毎年、劇場公演

エルダーキャッツは、「老人は社会のお荷物といわれるのは心外。演劇を通じて元気を発信したい」と、六〇歳以上の有志が集まって二〇〇三年に結成された劇団だ。メンバーのほとんどが演劇は初めてだが、翌年の旗揚げ公演は昼夜ともに定員三〇〇人の劇場が満席

家族で楽しめるように、孫世代の子どもたちの出番もある

に。地元の新聞にも、こう取り上げられた。

「ハラハラドキドキしたが、最後は『よくやった!』の声がとびかった」

これに励まされて、毎年一回以上の劇場公演を続けている。脚本はすべてオリジナル、高齢者を取り巻く社会問題や世相を反映したドラマ、地元の実話の時代劇、映画『男はつらいよ』にヒントを得た「讃岐の寅さんシリーズ」の人情芝居など、多彩なジャンルに挑戦している。

「年をとっても、病気があっても、お金がなくても、みんなで一緒に舞台に立ちたい。継続は大変だが、前を向いて明るく、今日も元気で生きましょう」

そんな思いを絆に日々、頑張っている。

〈小西金太郎〉

8 障がい者と共に仕事を創る

奈良市

1 仕事を人に合わせる

◇職場の半数は障がい者

「障がいは個性という人もおるけど、それだけやない。この人たちはすごい得意技をもってるんや」

労協センター事業団ワーカーズコープ奈良西事業所（以下「奈良西事業所」）の西内武志所長（一九四四年生まれ、奈良エリアを統括するエリアマネージャーを兼務）は、威勢のいい関西弁で話す。

西内が働くのは、奈良市西大寺《さいだいじ》にある医療法人平和会が運営する吉田病院（一般病棟九九床、精神科病棟二一三床の総合病院）と介護老人保健施設（介護を必要とする高齢者の自立を支援し、家庭への復帰をめざす施設）、クリニックなどの清掃業務を受託している奈良西事業所だ。合計一九人が働き、そのうちの一〇人が知的・身体・精神の障がいをそれぞれ、または複合的にもつ。奈良県では約一三七〇人（二〇一〇年六月現在、そのうちの精神障がい者は三〇人）の障がい者が働いているが、半数以上が障がい者という職場は少ない。労協の現場でも他にはない。

「労協の奈良エリアでは、他の清掃や配食事業などの現場でも、障がい者の就労が増えてる。奈良を全国の障がい者就労のモデルにしたいんや」

委託事業では、委託元の理解がなければ、障がい者が働くのはむずかしい。これまでも、「健常者を前提にした委託契約なのに、なぜ障がい者が働いているのか。世間体が悪い」と強硬に主張されたこともある。そんなとき西内は、丁寧に障がい者雇用について話し、理解を求めてきた。それにしても、なぜ障がい者が半数を占める職場が成り立つのだろう。

「第一に、この病院は障がい者に対する理解が深い。それには本当に感謝している」と西内は言う。

吉田病院はもともと奈良県初の精神科病院としてスタートしたこともあり、一般病棟よりも精神病棟が多い。現場でも専門医を講師に学習会を行い、障がいをもっていない一般組合員に精神病への理解を深めてきた。働いていて対応にとまどったり、症状が出てきたりすると、西内はすぐに専門医に相談する。そうしたなかで、信頼関係が深まってきた。とはいえ、病院の職員や患者に理解されるのは容易ではない。

契約である以上、失敗や事故を起こしたら責任が問われる。だから、西内は障がい者を特別扱いはしない。きちんと挨拶や仕事をしなければ叱るし、話し合いを大切にしている。

「二つ目は、障がいをもって働いている人たちがそれぞれの得意技をもっているのに気づいたことや。ほんまに、すごい。三つ目には、その子たちを支える仲間がおること。自分だけで仕事をしたほうが能率が上がるのに、障がいをもっている人たちとチームを組んで、仲間として支えてる。ベテランがボス的に支配している清掃現場が多いけど、ここにはそういう人間はおらん。『あの子たちからほんまに教えられます』と病院の職員にも宣伝している。それで、彼らもこの子たちの働き方を少しずつ理解してくれるようになった」

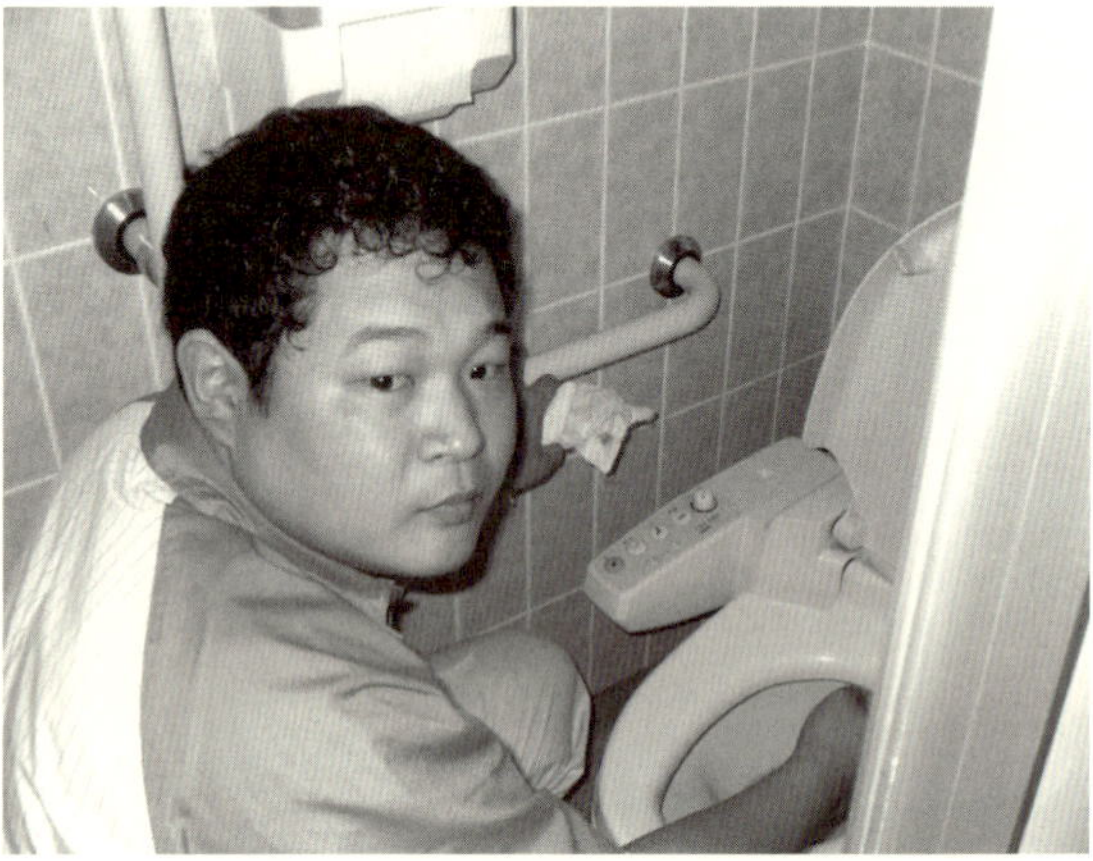

熱心にトイレを清掃する土井俊明

◆得意技を見つける

では、どうやって得意技を見つけるのだろうか?

西内も当初は、どういう仕事をさせたらいいいか悩んだ。そこで、毎日一緒に現場に入った。床清掃、トイレや洗面所の清掃、ごみの回収といろいろやってみると、「すごいな」と思う場面がいくつもあったという。

知的障がいをもつ土井俊明(一九八五年生まれ)は、病室から二〇個近くのポータブルトイレを回収する。洗った後は寸分の狂いもなく元に戻す。彼が休んだときに他の組合員がその作業をしたら、たちまち患者さんからクレームがついた。

「これ、私のトイレと違うよ」

そう言われても、色も形も同じ。全員で「わからん」と頭をかかえた。

土井は言う。

「やっぱり、ぼくがやらないかん。だから休めん」

土井は、ときどき西内を手伝って病院周辺の草刈りをする。草刈り機の扱いも「土井君のほうが上手なんや」と西内は笑う。

やはり知的障がいをもつ吉川孝広(一九八四年生まれ)は、病院内のごみ回収を担当している。彼の得意技は、大きくても小さくても段ボールを一瞬で潰すことだ。西内が一つ潰す間に三つ潰す。「すごいなあ、君は」と感心する言葉を聞いているのか、いないのかわからないが、「はいっ」と答えて、身体は次に向かう。どうやら、一瞬でつぶせる角度と技があるらしい。

清掃を基本に、ペンキ塗り、花の世話、草刈りなど、それぞれの得意技を活かして働く。西内は言う。

「健常者は慣れるとずる休みもするが、障がいをもっている人たちは誰もずる休みしない。きちんと仕事をするから、頼りにしてます」

精神障がいの人は、短時間しか集中して働けない場合が多い。自分に向いていないと思うと、集中がとぎれ、だらだら働いているように見える。また、日によって調子が変わりやすい。そうした特徴を知るなかで、健常者が障がいのことや、それぞれに合う仕事のやり方を学んでいく。一方的に「教える」という関係ではなく、時間がかかっても、お互いに学ぶのだ。それは、労協が主張する協同労働の働き方でもある。

「精神障がいの場合は本人から言えんこともあるから、様子を見ながら『きょうは調子悪そうやな。家に帰ってええで。またあしたな』と声をかける。知的障がいの場合は、仕事の順序を変えるとパニックになって、ぐちゃぐちゃになる場合があるので、事前に病院に事情を話して順序を変えないようにしてる」

西内は早めに出勤して、現場に来る障がい者の顔を見て声をかける。そして、ペースに合わせて仕事をすすめる。帰りも、「顔色悪いな。疲れてないか」などと声をかける。さらに、障がい者は仕事だけでなく生活も含めた支援が必要なので、それぞれの生きてきた過程を知ることも大切だ。

◆働く場所があった

土井は養護学校を卒業して地元のスーパーで働いたが、うまくいかず、奈良西事業所で働くことになった。自宅からのバスは一時間に一本しかないので、奈良市内で働くお母さんが車で送迎している。

午前中の仕事は、奈良県から委託された奈良公園の地下歩道の清掃だ。五つの障がい者支援団体との協同作業である。月曜〜金曜は各団体が、土曜と日曜は奈良西事業所が担当する。土井は各団体から派遣される二五人の障がい者のまとめ役なので、毎日午前中、仲間の様子を見ながら働く。仲間たちのよき相談相手で、信頼はあつい。

「地下歩道の仕事は、夏は暑いし、冬は寒い。秋は落ち葉が大変。四五ℓの袋で五袋も出る。事故のないように心がけています」

障がいをもつ人が自らの経験を活かして障がいをもつ人の相談相手になる、ピアヘルパーという仕事がある。土井は、自然にそれをこなしている。午後は三時まで吉田病院の清掃業務に汗を流し、帰宅後は家業の農家を手伝う。

吉川は電車とバスで通ってくる。初めは緊張して眠れず、とにかく朝一番のバスに乗る。だから、始業二時間前に着いてしまった。いまも一番乗りだ。週五日、七時半から一四時まで働く。仕事には頑固で、一度ルールを決めたらそのまま突っ走り、ときには周囲と衝突する。それでも元気だ。

「奈良西事業所に入ったとき、僕は障がい者だから、仕事をするのはむずかしいと思っていました。休憩時間もみんなが何を言っているのかわからず、どういう顔をしたらいいか不安で、笑わずに座っていました。でも、ここは障がいをもつ仲間が多いし、みんなに励まされて頑張る力が出ました。いまでは漢字もしっかり読みます。労協の『七つの原則』を会議で読む役割も引き受けています」

知的障がいを持つ石口つかさ（一九九〇年生まれ）は、養護学校の卒業を控えて、奈良市内で有名な菓子工場やスーパーで実習したが、ずっと緊張しっぱなしだったという。奈良西事業所の清掃現場で実習したときは、仲間として認めてもらえ、その雰囲気がよかったので、就職を希望した。週六日、七時半から一六時半まで働く。

「同じ仕事を繰り返してやるのが好き。ここはみんながあったかいから好きです」

◆みんなで知恵を出し合う

このように、働く時間も働き方もさまざまだ。一週間に一回の人もいれば、一日二時間だけの人もいる。週一日だけ働く松本美子（仮名、一九七三年生まれ）は、給料計算やパソコンへデータを打ち込む仕事をしている。「大勢で仕事をするのが苦手だから、事務の仕事を任せた」（西内）そうだ。

松本はうつ病で仕事を転々としてきた。パソコンの技術はもともとあったが、「他人の給料なので緊張します」と言いながら、机に向かう。「早く仕事を覚えて、普通の人と同じように働きたい」という気持ちが強く、それが重荷になって病気とうまく付き合えなかった。ここでは、周囲の支えで自分の病気と向き合い、安心して働いている。

「障がいをもつ人たちの多くは、なかなか仕事を見つけられない。見つけても続けられない。私はここで仕事を続けることができました。それが、どんなに私の勇気になっているかしれません」

入退院を繰り返し、「ここは解雇がない。待っていてくれるのがうれしい」という人もいる。耳が聞こえず、筆談や身振りでコミュニケーションする人もいる。だから、みんな身振り手振りが上手くなった。

「なんでもやらそうとするから潰れるんや。やりはじめると止まらない人もいるので、休みをとることを習慣づける。じっくり付き合えば何が得意かはわかる。それと、働きすぎないことや」と言う西内には、一二三項目の「虎の巻」がある。

「職種の違う仕事をすべて経験させてみる。そのなかで適性をみる」

「一度に多くのことを教えない。一つひとつ時間をかけると、どんな人でもできる」

「教える人を変えない。とまどわないようにする」

「順番は右から。入れ替えない。作業手順をしっかり決める」

「知的障がいの人の多くは特殊な技術や能力をもっていて、教えられる。見方を変えれば、その人の可能性は限定されていないことに気がつくはずだ」

これらのすべてが実践のなかで見出され、確かめられてきたものだ。

こうして最近では、「障がい者就労なら奈良西」と言われるようになった。他の障がい者支援団体の利用者の実習も受け入れるし、講演を頼まれることもある。

「うちでは、週一回や午前中だけ働く人もいる。身体の調子に応じて働いている」と話すと、「八時間働かないといけないと思っていた。そんな働き方もあるんか」とびっくりされるそうだ。視察に来た人は感嘆して帰る。

「障がいをもつ人がたくさん働いているのもすごいし、知的、身体、精神の三障がいをもっている人がすべている。しかも、みんなが知恵を出し合っている。こんな事業所は他にない」

2 協同労働という働き方

◇原点は清掃事業

奈良西事業所の仕事の中心は清掃である。清掃の現場には、さまざまな職種を経てきた人生経験豊かな人たちが働いている。だが、社会的な立場は弱い。社会のひずみがそのまま持ち込まれ、ボス的な支配やいじめがある現場も少なくない。一方、労協は全員で額に汗して働くことを何より大切にしている。だから、ボス支配やいじめに激しく憤り、戦ってきた。その思いを「働く人が主人公」という理念に結実させたのが、協同労働という働き方である。

「きつい、汚い、危険」といういわゆる「三K」仕事をするなかで、その仕事の価値と誇りを提起し、「労働者が雇う側の言いなりにされたままでいいのか」と問いかけた。現在も、清掃やビルメンテナンス事業は、大きな比重を占めている。

◆働き方を工夫し、仕事を広げる

知的障がい者は、月額一万円程度の福祉的就労についている人が多い。仮に一般の会社に雇用されても、仕事をする仲間として扱われ、力を発揮する労働環境が整えられているケースは少ない。効率性の追求が欠かせない企業では、格差や差別が生まれがちだ。

これに対して協同労働は、働く人に仕事を合わせ、その能力を最大限に活かし、それぞれに合った仕事を見つけ、つくっていく。そこにあるのは効率や格差ではなく、協同と連帯だ。だから、障がいをもつ人にもっともふさわしい働き方である。そのとき大切なのは、彼らを同じ目線で支える仲間がいるかどうかだろう。それは、現場のもつ人間力といってもよい。

同時に、障がいをもつ人は仲間だから、運営や経営にもできる範囲で関わる。決して「お飾り」にはしない。厳しくもあるけれど、人間として成長していく場にしたいと西内は考えている。

「障がいをもつ若者たちは、父母の高齢化にともない、やがては自立が必要になる。ここで育った若者たちが働ける場を地域にもっとつくっていきたい。世の中には障がいをもつ人がたくさんいてる。彼らの働ける場所をなんとかして増やしたいんや」

だから、新しい仕事をつくろうと努力する。吉田病院はいま拡張工事中だ。そこで、新しい病院の屋上に花壇を設け、そこで蜜蜂を飼って、障がいをもつ人たちの仕事場にできないかと、病院との定期協議の場で提案した。その実現に向けた検討が進みつつある。

一カ月に一回の団会議には全員が参加する。仕事を早く終えて帰る仲間の時間に合わせて開く。会議では「七つの原則」を、交代で一人ずつ読む。時間がかかっても、読めない字があってもいい。みんなで教え合いながら、一語ずつ声をはっきり出すことで、少しずつ覚えられる。何かの問題が起こったり、わからないことにぶつかると、「第一原則は、よい仕事をしようと書いとるよ」「みんなが経営の主人公というのは第二原則や」と、原則に立ち返る。「これは教科書やな」と、読むたびに納得する。

病院清掃の現場では、健常者と障がいをもつ人がペアを組むようにした。一緒に仕事をするなかで、適切な仕事のやり方を見つけ出していく。一人が体調が悪い場合、もう一人がカバーできるようにして、安心して休めるようにした。

健常者も障がいをもつ人も、時給は同じだ(七五〇〜八〇〇円)。障がいをもつ人の働ける時間に合わせて、作業シフトを相談しながら決める。短い時間しか働かない人もいるが、残業でカバーするのではなく、働く人を増やして対応する。残業して疲れるより、人を増やして身体を楽にし、楽しく働いたほうがいいと考えているからである。

それでも、原価率はいつもビルメンテナンス事業の基準の七三%以内だ。草刈りや剪定などの仕事をスポットで取り、原価率の適正化に貢献している。

また、現場には資格者一覧を張り出している。障がいをもつ人たちが得意技をもっているのだから、健常者も得意技を発揮して仕事の幅を広げるために、資格の取得を奨励したのだ。その結果、二級ホームヘルパー(三人)、電気工事士・二級ボイラー技士(各二人)、消防設備士・美容師・着付け師・国内旅行業務取扱管理者など二二種類の資格が並んだ。「一人ではたいしたことないけど、みんなで力を合わせたら何でもできる」と、いろいろな得意を発揮できる職場としての「多能工」をめざしている。

美容師の資格をもつ大迫《おおさこ》悦子の整髪を楽しみにしている患者さんもいる。ちなみに彼女は二級ホームヘルパーの資格もあり、ケアや介護サポートの仕事もこなす。

当時の現場責任者で、現在は奈良東事業所副所長の西川剛和《のりかず》は、ボイラー取扱作業主任者の資格をとった。「六四歳になってこんなに勉強するなんて思わなかった」と言いながら、仕事の合間を縫って猛勉強。誇らしげに「資格証」を見せてくれた。

◆障がいをもつ真面目な仲間を放ってはおけない

一口に協同と言っても、働く人たちの生きてきた背景に加えて、目の前の利益にも左右される。主体性や社会の一員としての存在の確認なしには、前に進めない。仕事への慣れや「まあまあ主義」がはびこると、リーダーがボスになったり、オーナーへの顔と仲間への顔を使い分けるようになる。仕事への誇りも失いがちだ。協同労働の歴史は、そうした現実を変えていく歴史でもある。

「わし、休みは年に数回しかないんや。疲れた、疲れた」と言いつつも精力的に動きまわる西内が奈良西事業所で働きはじめたのは、二〇〇四年の夏だ。当時の現場は、夏の熱さに熟れるように萎れていた。働く仲間たちは暗い顔をしていたという。

西内は居酒屋兼スナック、不動産会社、テレビの企画会社などを手広く経営し、貸家も四軒持っていたが、バブル崩壊の影響を受け、一億円近い借金を背負った。やむをえず、求人誌で清掃員の募集を見て、「月一〇万円ぐらい稼げればいいや」と面接を受ける。

「しんどい仕事やで」と言われたが、それには慣れている。続いて「ここは協同組合だから、働くには一口五万円の出資が必要だ」と言われた。「働くのに金を出す、なんじゃこれは」と思ったが、仕事がほしいから、毎月一万円の出資を積み立てることにした。

こうして、昼間は病院清掃、夜は居酒屋で必死に働く。三〜四時間しか寝ない毎日が続いた。とにかく借金を返す足しと考えての腰掛け仕事だったから、長く働く気はない。文句を言われても、古い人に偉そうにされても、我慢した。

「でも、ほんとに職場の雰囲気が暗〜く澱《よど》んでいた。こんなところにいたら、こっちまで暗くなる。だけど、辞めるのはいつでもできると思い直して、少し様子を見ることにした」

一年ぐらい経ったころ、責任者の女性三人が一度に退団した。以前から所長や本部の悪口を言っていて、「こんなところにおったら人間がくさるでえ。一緒に辞めんか」と、誘われた。

その一人には仕事を教えてもらい、支えられもしたが、「そんな職場にしたのは誰や。あんたたちに責任はないんか」と思ったと当時を振り返る。

「それにな、わしがいま辞めたら、障がいをもって働いている土井くんたちはどうなるんやと考えたら、辞めれんかった。あんなに一生懸命やってるのに、わしが辞めたら、あの子らを守る人がいなくなる」

そのころは、三人の障がい者が働いていて、その一人が土井君だった。同じ時期に入ったこともあって、よく話し合ったそうだ。ふだんは明るく、お母さん思いの親孝行だが、現場では「汚れがとれとらん。やり直し」などと言われ、だんだん顔が暗くなっていった。

時間は守るし、ずる休みはしない。挨拶もきちんとする。「健常者といわれる適当な人たちより、ずっと真面目にやっている」と思い、彼らを放って辞めるわけにはいかなかったのだ。

西内はそれまで、手を変え品を変え、お世辞を言い、相手を説得する世界にいた。「あれは、何やったんやろうな」といまは苦笑するが、土井君たちを見て、その素直さに心を打たれ、「誰かが守らんと壊れてしまう」と親分肌が刺激されたのだ。

「障がいをもつ子たちときちんと付き合ったのは、このときが初めてやった。それがぼくの人生を変えた。この病院は精神科に通う患者が多い。昔は、精神病院といったら金網のある怖いところだと思ってた。でも、実際に精神病棟で働いてみると、トイレの詰まりを修理したら拍手されたり、今日は気分がいいんやと歌を一緒に歌ったり。みんな同じように生きてると思えるようになったんや。病棟にしばらく顔を出さないと、『元気にしとったか』と声がかかる。ここで働いたことが、いろんな偏見をなくしてくれたと思う。ぼくは前の仕事で人間の裏や表を見ることが多かったし、世の中はそんなもんだろうとも思っていた。でも、一緒に毎日汗を流すと、身体はへとへとになるけど、心はあったかい」

◇同じ志をもって一つの方向に向かう

こうして現場に残った西内は、二〇〇六年に所長になる。不動産や店を処分し、借金も返すことができた。

だが、仕事が順調だったわけでは決してない。所長になった直後、ある介護施設で、仕事ぶりへの不満から契約解除の危機があった。担当者に任せきりにしていて、だんだん働き方がいい加減になっていたからである。労協の清掃現場では、月一回の定期協議でお互いの要望を確認し合うことになっているが、それも守られていなかったのだ。呼び出されて施設に赴くと、「いくら文句を言っても、ちっとも対応してくれないじゃないか」と怒られた。病院や福祉施設の清掃業界では、「あの業者はダメだ」というような情報が伝わるのは早い。

西内は前の状況がよくわからなかったが、すぐに謝ると同時に、担当者を替えて対処した。さらに、その介護施設を頻繁に訪れ、月一度の定期協議を必ず開き、お互いの要望や現状を伝え合うことを大事にしていく。

「一緒に働く仲間が同じ志をもって一つの方向に向かわないと、仕事も生き方もいい加減になると、ほんまに実感したわ」

こうした積み重ねや、二〇〇七年二月に『毎日新聞』(奈良版)に障がい者の働く様子が紹介されたりした結果、奈良県内の病院関係者から「労協はすごいことやっとるんやな」と高い評価を受けるようになる。

労協では一口五万円の出資が原則だが、短時間就労だったり、アルバイト的な働き方だったりして、出資をしていない人がいる場合も多い。しかし、障がいをもっても継続して安心して働ける場にするのであれば、運営にも関わるべきだ。そこで、奈良西事業所では、家族とも話し合い、必ず出資することにしている。だから、全員が労協の組合員だ。

◆仕事をやりとげた自信と優しい思い

障がい者たちの仕事ぶりを聞いた奈良市内の重症心身障害児学園病院から二〇〇九年九月、清掃を頼まれた。病院の廊下を洗い、乾かしてワックスを塗り、きれいにする仕事だ。

この病院では、一階の患者は一人も歩けない。食事もトイレも付き添いが必要だ。仕事は、病院の作業や患者の移動時間の合間を縫って進める。時間が限られるなかで、全員のがんばりで一週間で完了できた。障がい者たちが仲間たちの支えも受けつつ、やりとげたのだ。

このときの患者との出会いと仕事の達成感がその後の清掃の仕事に活かされ、隅々まできれいにするようになっていく。いまもこのときの話がよく語られるというから、よほど印象が強かったのだろう。終了後の感想文には、みんなの優しい思いがあふれていた。

「治ることも歩くことも自分の力ではできない子どもたちがたくさんいた。死ぬまで病院から抜け出すことができない、閉じ込められる生活。親にも兄弟にも会えず、せっかく命をもらって生まれてきたのに、何もできない切なさ。僕もうつ病で何もやる気が起きず、寝てばかりで、家から出るのも不安でしたが、いまはこうして元気に働いています。人はまわりに育ててもらっていると思います」

「自分は障がい者というリスクをもっています。この職場は長い目で見てくれるのが、何よりの喜びです。統合失調症ですが、仕事のおかげで生活のメリハリができています」

「重症心身障がいの人はあるけないし、しゃべれないから、ちょっとかわいそうと思います。自由がきかないと、かわいそうです。足がうごけるほうがいいです。ワックスがけをきれいにしたい。父と母にはいつもありがとうと思います」

3 新しい事業に踏み出す

◆被災地の支援にも活躍

二〇一〇年からは、労協が開発した除菌・消臭効果をもつ「クリーンキラーA（エース）」（次亜塩素酸水）の製造・販売事業を始めた。クリーンキラーAは人体への負担が少なく、安心して使用できる。二〇〇六年にノロウイルスが近畿地方で広がったときは、高齢者介護施設などで大きな効果を発揮した。それが評判になって、病院や施設に販路が広がっていく。

東日本大震災では、津波によってヘドロと泥が市街地に大量にあふれた。衛生面で大きな問題となるし、肺炎などの発生も懸念される。そこで、緊急増産することにした。ただし、東京では放射能汚染による水質問題があり、製造できない。そこで、奈良西事業所の製造機が一晩中フル稼働し、三六ケースを被災地に送った。

このクリーンキラーAの製造も土井が担当している。西内が繰り返し根気よく教えた。教える側が焦ってはいけない。一度覚えると、土井たちは確実に仕事を行う。西内が言う。

「僕らも緊張しますよ。初めに間違ったことを教えたら、後から訂正はききませんしね。でも、自分たちの仕事を見直すいい機会にもなっています。仕事への一生懸命な姿勢に僕たちが学ぶことも多い。みんな、好きで障がいをもったわけやない。同じ人間やと思う。だから、どんな人でも仕事のパートナーになれると思っている」

◆障がい者が主役のカレーショップ

奈良西事業所では、清掃に加えて、地域に基盤をおいて社会とつながる事業と運動を展開し、障がいをもつ人たちの仕事を広げたいと考えてきた。そして、西内が以前に手がけていた食に関する事業に踏み出していく。二〇一一年四月一日、吉田病院からバスで約三〇分の奈良市恋の窪に、カレーショップ「すくら〜む」(運営は奈良恋の窪地域福祉事業所)をオープンした。近鉄奈良線新大宮駅からはバスで約一〇分、バス停の前だ。

ここで働くのは、春に養護学校を卒業したばかりの五人の若者を含めた八人。地域に開かれた障がい者就労の場である。八人はもちろん、清掃現場や他事業所の仲間も新しく出資(増資)した。また、奈良県の「奈良まほろばふるさと雇用再生特別対策基金事業」(障害者地域就労モデル事業)を活用している。開設にあたっては、奈良県の担当者も熱心に応援してくれた。

「健常者と一緒に障がい者が働く事業は多いが、ここは障がい者が中心になって健常者がそのサポートに入る。新しいモデル事業にもなるので、ぜひがんばってほしい」

この地域は、高齢者の一人暮らしが多い。彼らの居場所にもしたいと考えて、テレビを置き、一杯飲《や》って口がなめらかになるように、ビールも用意した。西内は障がい者と一緒に働いてきて、社会で孤立して生きていくことの大変さに改めて気づかされたからだ。

奈良西事業所に卒業生を送り出してきた養護学校の先生たちの期待も大きい。

「清掃現場で職場実習を受け入れてもらい、ここなら気持ちよく仕事ができると思いました。卒業後の就職先が厳しい現状で、障がい者雇用を前面に押し出し、生活面も含めて指導してくれるので、本当にありがたい」

調理師の原憲孝《のりたか》は、吉田病院の近くで長い間うどん屋を営んでいた。店長で総務経理を担当する山田寛《ひろし》はもともと心臓疾患があったが、残業につぐ残業で悪化し、身体障害者手帳をもっている。

すくら〜むは一〇時〜二〇時まで営業し、水曜が定休日。障がいをもつ若者たちは週五日、五時間勤務である。一階は厨房も入れて一二坪、定員は二二人。二階は事務所と会議室に使う。家賃は駐車場も入れて一〇万円だ。周辺には小学校、パチンコ店、市営住宅などがあり、集客が見込める。チラシ七〇〇〇枚を新聞に折り込み、一〇〇〇枚は自分たちで配った。

すくら〜むで「お味はいかがですか」と接客する、障がいをもつスタッフ

大手のカレーショップチェーンに負けない味をめざし、辛めの本格カレー、柔らかい味のキーマカレー、オリジナルカレーの三種類を四〇〇円で提供する。エビフライなどをトッピングしても五〇〇円で食べられる、ワンコインショップだ。試食会の評判は上々だったという。

「調理師の資格をとりた

い」と話す若者もいて、「やる気があれば協力する」と原は言っている。

すくら〜むの開店で、委託ではない自前の事業が始まった。こうした働く場を持続するためには、働くルールづくりや経営感覚が求められる。地域で広報して顧客を増やす能力も磨いていかなければならない。課題はまだまだある。

一方で西内たちは、協同労働の法制化運動や障がい者就労などをとおして自治体との関係を深めてきた。行政の姿勢も協力的だ。荒井正吾奈良県知事は「障がい者福祉は終わりのない課題。障がい者対策推進本部を設置し、取り組んでいきたい」と述べ、仲川げん奈良市長は、労協が主催した障がい者フォーラムでシンポジウムのパネラーとして参加し、激励してくれた。

とはいえ、障がいをもつ人が自立して働き続けるのは容易ではない。本来、労働する権利と機会は、誰にでも平等に開かれているはずだ。いま必要なのは、障がいをもつ人を「障がい者」という枠に閉じこめる「措置」ではない。「自立して働きたい」と願って努力する障がいをもつ人たちの仕事づくりのために、自治体が支援する施策ではないだろうか。

◇スクラムを組んで地域に必要な事業を広げる

奈良西事業所では、労協新聞に掲載された「センター事業団第二六回総代会議案」を障がいをもつ人たちで読み進めてきた。もちろん時間はかかるが、一項目ずつ交代で読む。議案を見て、東日本大震災に対してどう思っているか、全員が感想を書いた。二つ紹介しよう。

「震災にあったら、なにをしていいかわからないと思います。かぞくが別ればなれになったら、私はなにもできないと思います。げんしりょくはつでんは、つくってほしくないです。もっと、もっと、東日本の人らに、ぎえんきんがわたってほしいと思います」(石口)

「巨大地震は改めて、家族とともにあること、食べること、働くこと、生活することは、日々のかけがえない価値あるものだということを示した。人は、助け合わなくては生きていけない。復興は、人間のきずなを基におかなければならない」(土井)

議案は、みんなのなかにしっかり位置づいている。そして、西内はこう語る。

「自分も前は個人事業主やった。けど、津波であないして店も人も流されたとき、個人やったらどないして復興できるんや。労協みたいな組織があるから、東北の人も復興をめざすことができるんちゃうか。労協は義援金を三年間で一〇億円集める言うてるが、全国にたくさんの人がいてるから、それができる」

二〇一一年七月一六日には、東日本大震災の影響で延期した障がい者支援のシンポジウムや、メンバーが障がい者の協同組合を描いたイタリア映画『人生、ここにあり』の上映を、労協の奈良エリアが行った。シンポジウムでは、奈良県障害福祉課の職員が基調講演し、NPO法人の代表や西内たちがパネラーとして参加。カレーショップで働く五人の若者たちも紹介された。

奈良エリアには、清掃事業(奈良西、奈良東、奈良中和)、介護事業(あ・うん、えくぼ)、食事業（彩《いろどり》、すくら～む）がある。事業所同士が連携すれば、地域と生活に必要な多くのサポートができる。実際、協力して新しい仕事への挑戦が始まっている。

訪問介護事業を行う地域福祉事業所あ・うんは、九月一日に大和郡山市で二階建ての部屋を二カ所借り、障がいをもつ子どもたちが通う児童デイサービス「ビーンズ」を開所した。開所式には上田清大和郡山市長も出席するなど、行政や市民から熱い期待が寄せられている。所長の野口里紗《りさ》は、「保護者の思いと自分たちの長年の願いが実現しました」と言う。あ・うんに併設している配食弁当の彩でも、精神障がいをもつ若者が働く。奈良中和の安村佳晃所長らは、奈良県から非正規雇用対策技術講習事業を受託した。

すくら～むも地域福祉事業所だから、地域が必要な仕事を広げていきたいと考えている。それが障がい者が働く場の拡大につながっていくと思うからだ。

西内は額にしわをよせながら、顔をほころばせた。

「わしは二月二一日にガンの手術で入院し、父親代わりだった兄をカレーショップ開所直前にガンで亡くした。でも、なんとか開所にこぎつけたんや。ほんとに心が暗くなったが、みんなが支えてくれた。仲間が励ましてくれたと、ほんまに思うたな。そやから、もう一頑張りも二頑張りもせなあかんわ」

実際、西内は早速もう一頑張りするはめになった。あ・うん所長の野口に、「あ・うんから車で三〇分ほどの奈良市郊外に、三〇〇坪の古い実家があるんです。なんとか活用できませんか」と相談を持ちかけられたのだ。調べてみると、裏の畑をあわせて五〇〇坪ある。そこで、近くの事業所のメンバーで家を掃除し、畑を使えるようにした。この畑で野菜を作る。そして、障害をもつ子どもと親、高齢者、地域の人たちが収穫して調理し、宿泊・交流できる居場所を二〇一二年春には完成させるつもりだ。

西内は言う。

「人と人の協同というのは、こんな姿なんやと思える場所にしたい。それにしても、病気したとたんに、なんだか知らんがどんどん広がっていく。わしをまだ死なせんということなんやろかな」

〈川地素睿〉

現場からの声

院内感染を防ぐクリーンキラーAの開発

清掃現場からの技術開発

病院などの清掃はワーカーズコープ発足当初からの基幹事業分野だ。

一九九八年にはワーカーズコープ・ブランドの清掃技術（ほこりの徹底除去、水使用の抑制、手で触る部分の清拭、手洗いの励行、用具の集中管理の体系化）を開発し、全国の清掃現場に普及させた。その後、MRSA（メチシリン耐性黄色ブドウ球菌）やノロウイルスなどの院内感染防止に清掃の側から取り組むことが、重要なテーマとなる。そして、二〇〇〇年に消毒剤クリーンキラーA（エース）を開発した。

クリーンキラーAは、次亜塩素酸ナトリウムに塩酸などを混入して、消毒能力を有する次亜塩素酸の含有率を増大させたものである。次亜塩素酸は体内で白血球が異物を分解するために生成する物質で、その有効性と安全性はよく知られている。

病院をはじめとする医療機関では毎年のように、夏にはO－157などの食中毒、冬にはノロウイルスやインフルエンザウイルスなどの感染症が発生する。内部環境をいくら清潔にしても、外部から患者が菌やウイルスを持ち込んでくるのは避けられない。

そこで、トイレの清掃や医療系廃棄物処理などに従事するワーカーズコープ組合員は、身体を清潔に保ち、感染を予防する自衛措置として、クリーンキラーAのスプレーを常時携帯し、作業後には必ず全身にスプレーをする。その結果、患者や看護師に感染が蔓延しても、組合員は感染しないケースが多く見られた。この成果をうけて、次亜塩素酸ナトリウムを使う消毒作業の後に、重ねてクリーンキラーAを用いて除菌するという自衛措置を取ることによって、院内感染を短期間に終息させた病院もある。

多様な場への広がり

現在では、保育園、レストラン、理髪店、公共施設、事務所など多くの場で活用されるようになった。ある保育園の園長が言う。

「他の園ではインフルエンザの園児が多発したのに、私の園の子は一人も感染していない。いろいろ考えたが、クリーンキラーAの効果が大きいように感じる」

この保育園の取り組みは人気テレビ番組「みのもんたの朝ズバッ!」で取り上げられ、話題を呼んだ。

また、行政の指導で、公園に飛来する野鳥からの鳥インフルエンザ感染防止のためにクリーンキラーAを使う事例もある(兵庫県)。今後は、学校、一般の職場、交通機関などで、まちづくりの一環として健康環境の維持のために、活用を広げていきたい。

〈古谷直道〉

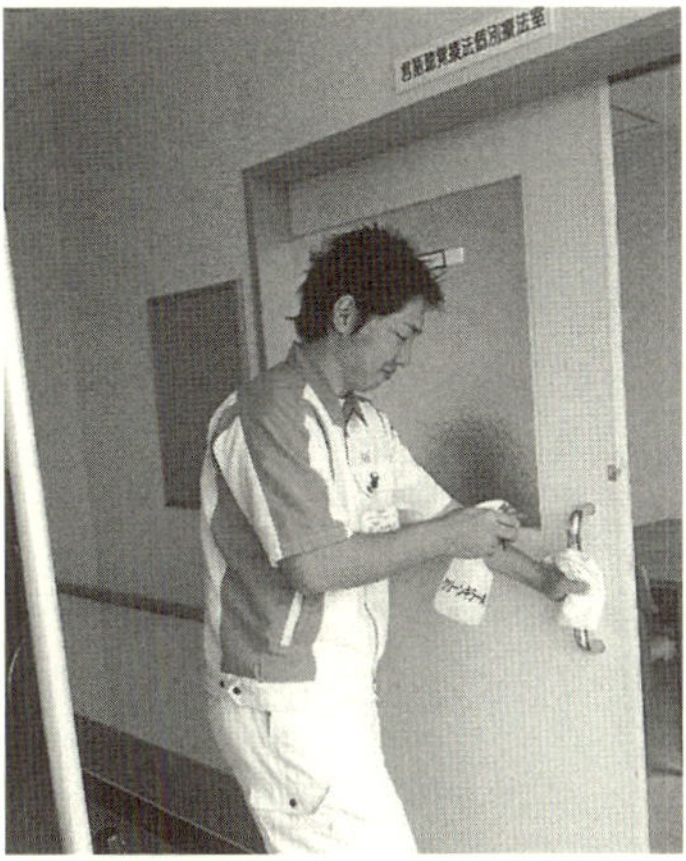

病室入口のドアノブを
クリーンキラーAで消毒

あとがき

本書籍の出版から早一〇年が経過した。うれしいことに多くの方々に読んでいただき、新たに版を重ねることができたことは予想外の喜びである。

この一〇年労働者協同組合(ワーカーズコープ)を取り巻く状況はまさしく激変した。メディアなどを通じてご存知の読者もいると思うが二〇二〇年一二月衆参両院全会一致で念願の労働者協同組合法が成立した。二〇年を超える法制化の運動が実った瞬間でもあり、この法律の推進母体でもある日本労働者協同組合(ワーカーズコープ)連合会、ワーカーズ・コレクティブネットワークジャパンはもちろん、法案づくりに関わってきた国会議員、協同組合関係者などこの法案の成立を望んできた多くの団体・個人が大きな興奮と感動につつまれた。

本則一三七条・附則三二条にも及ぶ法律であるが、出資・意見反映・労働という労働者協同組合の基本原理が明確に定められ、①労働基準法や社会保障の適用など労働者性の確保　②許認可制ではなく届出で法人設立が可能となる準則主義の適用　③派遣業以外の全ての業種が労働者協同組合の事業対象として認められるなど、これまでの各種協同組合法やＮＰＯ法を超える、時代の変化に沿った画期的な内容が盛り込まれている。ちなみに施行日は二〇二二年一〇月一日と決定した。

本法案の第一条（目的）では、市民、労働者による「多様な就労機会の創出と地域における多様な需要に応じた事業の実施による持続可能で活力ある地域社会の実現」が掲げられている。労働者協同組合法の成立は、日本社会に初めて主権性をもった労働（者）が登場する土台が生まれたことを意味する。これまで労働者と言えば雇用される従属労働者を意味してきたが、労働者協同組合の労働（協同労働）はこの概念を変えていくことになるだろう。

新自由主義やグローバル化が世界を席巻するなか、ますます強まる雇用の劣化に、改めて労働とは商品ではなく命そのものであるということを、これから生まれてくる多くのワーカーズコープの実践が証明してくれることを願っている。

深刻化する地球の温暖化と気候危機、急速に進む少子高齢化と人口減少、コミュニティの衰退と広がる格差・貧困、コロナ禍で露わになった命が軽視される社会構造など、資本主義がもっている根本的矛盾が広がっている。

こういった危機の時代に生まれた労働者協同組合は、命の基礎である労働と自然も含むコミュニティの再生に根本的な役割を果たす存在になることが期待されている。

〝社会は変えられる〟この本をきっかけに多くの方々がつながり、協同の営みが日本各地に広がっていくことを楽しみにしている。

最後になるが、全国各地の協同労働の実践に日々格闘している組合員、またここまでワーカーズコープ運動を支え、励ましてくださった多くの方々にこの場をお借りして深く感謝したい。

特にコモンズの故大江正章編集長は、なかなか集まらない原稿を辛抱強く待ち、時には叱咤しながら、このような素晴らしい内容の本にまとめてくださった。地方のフォーラムでご一緒し、地元の居酒屋で地元の肴をつまみにお互いの熱い想いをぶつけ合ったことが、昨日のことのように思い出される。残念ながら大江さんは労働者協同組合法の施行を待たずにこの世を去ってしまわれたが、きっと空の上であの印象的な瞳を輝かせ喜んでくれていることだと信じている。大江さんのよい仕事がまた一つ、新しい社会の扉を開く力になったよ、と伝えたい。

そうした意味でもぜひ本書を活用し、新しいワーカーズコープが広がることができれば、これに勝る喜びはない。

二〇二一年一〇月

日本労働者協同組合（ワーカーズコープ）連合会　副理事長　**藤田　徹**

日本労働者協同組合（ワーカーズコープ）連合会
働く人びと・市民自身が出資も経営も労働も担う労働者協同組合（協同労働の協同組合）の連合体。構成員約1万5000人。1979年に中高年雇用・福祉事業団全国協議会として発足した。
〒170-0013
東京都豊島区東池袋1-44-3　池袋ISPタマビル7階
電話 03-6907-8040（代表）
http://jwcu.coop

協同で仕事をおこす

二〇一一年一一月二〇日　初版発行
二〇二一年一一月一〇日　4刷発行

編著者　広井良典
監　修　日本労働者協同組合連合会

発行所　コモンズ
東京都新宿区西早稲田二―一六―一五―五〇三
TEL〇三（六二六五）九六一七
FAX〇三（六二六五）九六一八
振替　〇〇一一〇―五―四〇〇一二〇
info@commonsonline.co.jp
http://www.commonsonline.co.jp/

印刷・製本　加藤文明社
乱丁・落丁はお取り替えいたします。
ISBN 978-4-86187-082-8 C 1036